Holger Küls

W0191141

Projekte im Kindergarten planen und durchführen

Bausteine Elementardidaktik

2. Auflage

Bestellnummer 40231

■ Bildungsverlag EINS
westermann

service@bv-1.de
www.bildungsverlag1.de

Bildungsverlag EINS GmbH
Ettore-Bugatti-Straße 6-14, 51149 Köln

ISBN 978-3-427-**40231**-2

westermann GRUPPE

Inhaltsverzeichnis

Vorwort... 4

1   Bildungstheoretische Grundlagen der Projektmethode................ 5
1.1   Zur Bedeutung der Projektmethode im Elementarbereich................ 5
1.1.1 Projekte als Lernangebot im Kindergarten............................ 7
1.1.2 Zur Projektmethode in der Krippe.................................... 9
1.1.3 Zum Begriff und zur Geschichte der Projektmethode................... 12
1.2   Lernen und Bildung im Elementarbereich und die Projektmethode......... 15
1.2.1 Die Kindertagesstätte als Bildungseinrichtung...................... 15
1.2.2 Wie Kinder im Kindergartenalter lernen............................. 19
1.2.3 Folgerungen für den Einsatz der Projektmethode..................... 24
1.3   Erziehung als Unterstützung von Bildungsprozessen und die Projektmethode.. 25
1.3.1 Erziehung als Ko-Konstruktion...................................... 25
1.3.2 Vorrang der indirekten vor der direkten Erziehung.................. 27
1.3.3 Elementardidaktik und Projektmethode............................... 30
1.3.4 Lernkompetenz erwerben durch Metakognition......................... 37
1.3.5 Die Bedeutung gelingender Interaktion für Bildungsprozesse......... 39
1.3.6 Bildung und Partizipation.. 44
1.3.7 Folgerungen für den Einsatz der Projektmethode..................... 48
1.4   Elementarpädagogische Konzepte und die Projektmethode.............. 51
1.4.1 Die Projektmethode im Situationsansatz............................. 52
1.4.2 Die Projektmethode in der Reggio-Pädagogik......................... 55
1.4.3 Bildungspläne und die Projektmethode............................... 58
1.4.4 Folgerungen für den Einsatz der Projektmethode..................... 62

2   Projekte ko-konstruktivistisch durchführen....................... 64
2.1   Phasen des Projektverlaufs... 64
2.2   Projektinitiative.. 69
2.2.1 Projektthemen entdecken und sammeln................................ 69
2.2.2 Projektthema auswählen und festlegen............................... 78
2.3   Projektplanung und Projektvorbereitung............................. 85
2.3.1 Planung als offener Prozess.. 85
2.3.2 Der Rahmen eines Projektes... 88
2.3.3 Didaktische Planung.. 90
2.3.4 Kinder an Planungsüberlegungen beteiligen.......................... 97
2.3.5 Projektskizze mit Ablaufstruktur................................... 100
2.3.6 Organisatorische Planung... 101
2.4   Projektdurchführung.. 101
2.4.1 Gemeinsamer Einstieg... 104
2.4.2 Entdeckendes und forschendes Lernen der Kinder
       in Form von Aktivitäten.. 106
2.4.3 Abschlussveranstaltung mit Präsentation der Projektergebnisse...... 115
2.5   Projektdokumentation und Projektevaluation......................... 118

Literaturverzeichnis.. 123
Bildquellenverzeichnis.. 129
Stichwortverzeichnis.. 130

Vorwort

Bildung und Erziehung in der Frühpädagogik gehören seit geraumer Zeit zu den zentralen Bildungsthemen der Gegenwart. Entsprechend intensiv wird über die Qualität der Bildungs- und Erziehungsbemühungen in Kindertagesstätten diskutiert. Eine besondere Rolle spielen hierbei Projekte, die seit mehr als drei Jahrzehnten die frühpädagogische Arbeit prägen.

Vor allem in den letzten Jahren hat diese Lernform immer mehr an Bedeutung gewonnen und sich insbesondere in der Bildungsarbeit bewährt. Die Projektmethode entspricht den Erfordernissen ganzheitlichen und eigenaktiven Lernens von Kindern im frühen Alter. Zugleich bietet sie den elementarpädagogischen Fachkräften vielfältige Möglichkeiten, die Lernprozesse von Mädchen und Jungen durch anregende Interaktionen und metakognitive Reflexionen zu unterstützen. Gerade dieses ko-konstruktivistische Vorgehen hat sich in Kindertagesstätten als ausgesprochen wichtig für die pädagogische Qualität des Lernens allgemein bzw. von Projekten im Besonderen erwiesen.

Das vorliegende Fachbuch nimmt Projekte in Kindertagesstätten aus der Perspektive des derzeitigen Standes der Elementardidaktik in den Blick. Es wendet sich an Schülerinnen und Schüler in der Ausbildung zur Erzieherin bzw. zum Erzieher, an Studierende in den verschiedenen Studiengängen der Pädagogik der (frühen) Kindheit, aber auch an Vertreter/-innen der Praxis, der Fachberatung und der Fort- und Weiterbildung. Im Mittelpunkt stehen die Grundlagen und Merkmale der Projektmethode als *ko-konstruktivistischer Lernform*. Diese werden im ersten Teil systematisch erläutert sowie in die aktuelle Debatte der Elementardidaktik eingeordnet. Der zweite Teil des Buches beschreibt auf dieser Basis, wie die Planung und Durchführung von Projekten ko-konstruktivistisch realisiert werden können. Dazu werden beispielhaft konkrete und praxisnahe Auszüge aus Projekten zur Veranschaulichung herangezogen.

Dieses Buch bietet fachliches Hintergrundwissen zur Projektmethode in der Elementarpädagogik und zugleich anwendungsbezogenes Handlungswissen. Auf diese Weise kann es einerseits als fachliche Grundlage im handlungsorientierten Unterricht in Lernfeldern dienen. Dazu werden Zusatzmaterialen (Checklisten, Reflexionsbögen, Aufgabenstellungen, ein Filmbericht über ein Projekt usw.) angeboten, die online abgerufen werden können. Aber das Buch lässt sich andererseits auch zum Selbststudium heranziehen, um sich mit dieser Methode in der Weiterbildung oder aus individuellem Interesse noch einmal neu und intensiv auseinanderzusetzen. Zentrale Begriffe werden im Text definiert, erkennbar an der blauen Schriftfarbe. Daneben werden wichtige Zusammenhänge in Form von Merksätzen zusammengefasst, die rot gekennzeichnet sind.

Das Zusatzmaterial im Internet – mit dem am Rand stehenden Symbol markiert – kann nach Eingabe des vorn im Buch abgedruckten Codes unter www.bildungsverlag1.de kostenlos heruntergeladen werden.

1 Bildungstheoretische Grundlagen der Projektmethode

1.1 Zur Bedeutung der Projektmethode im Elementarbereich

Beispiel: Das Wetter ist wechselhaft. Sofia und Florian aus der Eulengruppe spielen in einer Sonnenphase auf dem Außengelände der Kindertagesstätte „Villa Kunterbunt"[1]. Sie suchen kleine Ästchen zusammen und versuchen, daraus ein Vogelnest zu bauen. Da entdecken sie einen Regenwurm. Sie schauen ihn an und tauschen sich darüber aus, was er wohl fressen mag. „Mein Opa hat gesagt, dass er Dreck frisst", meint Sofia. „Doch keinen Dreck", reagiert Florian etwas empört und sagt noch: „Mein Vater braucht die Würmer beim Angeln." Der Wurm wird auf eine kleine Schaufel gelegt und die beiden bringen ihn zu ihrer Erzieherin, Katharina Winter. Diese spricht mit ihnen über ihren Fund und zeigt ihnen ein Bilderbuch, das Sofia und Florian interessiert anschauen. Dann berichten sie im Sitzkreis von ihrem Regenwurm. Die anderen Kinder hören aufmerksam zu und in den nächsten Tagen machen sich immer wieder einige auf die Suche nach Regenwürmern. Diese sind richtig „in" und führen zu jeder Menge Fragen der Kinder: „Sind das ganz kleine Schlangen? Leben die in Familien? Können sie schwimmen?" In der Teambesprechung der Eulengruppe denken die beiden pädagogischen Fachkräfte Katharina Winter und Sven Sommer über pädagogische Themen und Angebote nach, die in den nächsten Wochen anliegen könnten. Sie tauschen sich darüber aus, welche Fragen und Interessen die Kinder ihrer Gruppe momentan bewegen. Unter anderem kommen die Regenwürmer zur Sprache. Die beiden reflektieren ihre Beobachtungen dazu und entschließen sich, ein Projekt zu diesem Thema zu planen und durchzuführen.

Projekte gehören inzwischen zum elementarpädagogischen Alltag. Es gibt keine oder kaum noch eine Kindertagesstätte, in der Projekte nicht einen wichtigen Bestandteil der pädagogischen Arbeit und der Konzeption ausmachen. Dabei können sie in Art und Umfang stark variieren. So gibt es Projekte, die ein halbes Kindergartenjahr laufen und an denen sich alle Gruppen bzw. Kinder beteiligen. Und es gibt solche, die nur eine Woche dauern und bei denen nur eine Handvoll Mädchen und Jungen einer Gruppe mitmachen. Die Themen sind sehr vielfältig. So finden sich Titel wie „Wer fliegt am besten?", „Herbst", „Die Stadt, in der ich wohne", „Andere Länder", „Ich habe eine Schwester", „Feuerwehr" usw.

Dabei werden unter „Projekten" teilweise sehr unterschiedliche Dinge verstanden. Manchmal ist damit nur eine längere und nur in Teilen kindzentrierte Beschäftigung mit einem Thema gemeint. Oder es verbirgt sich dahinter ein Rahmenthema für die

---

[1] *Die Eulengruppe der „Villa Kunterbunt" und die in der kurzen Situationsskizze genannten Personen werden die Leserin und den Leser auch im Weiteren begleiten. Es handelt sich dabei um eine fiktive Einrichtung, die herangezogen wird, wenn fachliche Erläuterungen zur Planung, Durchführung und Nachbereitung eines Projektes an Beispielen veranschaulicht werden sollen (siehe zweiter Teil des Buches „Projekte ko-konstruktivistisch durchführen", S. 64 bis 122).*

pädagogische Arbeit in einer Kindergartengruppe. Im vorliegenden Zusammenhang wird der Begriff „Projekt" allerdings anders verwendet. Hier wird ein Projekt als eine pädagogische Lerngelegenheit gesehen, in der sich Mädchen und Jungen in einem festgelegten Zeitraum eigentätig und ganzheitlich mit für sie wichtigen Themen befassen. Aber auch das reicht als Beschreibung noch nicht aus. Deshalb muss zu Anfang der folgenden Ausführungen zur Projektmethode im Elementarbereich genauer definiert werden, was eigentlich mit einem „Projekt" gemeint ist; einmal ganz davon abgesehen, dass es auch in anderen Bereichen des Bildungssystems sowie in der Wirtschaft Projekte gibt, aber davon später mehr.

Projekte sind ein sinnvoller Weg, Jungen und Mädchen im Kindergarten in ihren Lern- und Entwicklungsprozessen zu unterstützen. Sie stellen Lernangebote dar, die bei den Bedürfnissen, Themen und Interessen der Kinder ansetzen, zu gemeinsamem Handeln auffordern und Kindern, aber auch Erwachsenen neue und spannende Erfahrungen ermöglichen.

Projekte bestehen dabei nicht aus isolierten Angeboten, sondern beinhalten aufeinander aufbauende und miteinander abgestimmte Aktivitäten. Dabei steht in aller Regel nicht das Endergebnis im Vordergrund – obwohl auch dieses nicht unbedeutend ist –, sondern vor allem der Prozess dorthin wirkt für die beteiligten Kinder bildend. Das Lernen umfasst dabei sowohl kognitive also auch sprachliche, motorische und sozial-emotionale Komponenten (vgl. Fthenakis u.a., 2009b, S.152). Und Projekte machen Spaß.

Aus pädagogischer Perspektive wird die Durchführung von Projekten in Kindertagesstätten vor allem als *Methode* der Lernprozessgestaltung gesehen. Sie gestaltet einen Weg bzw. stellt einen Rahmen für kindliche Lern- und Bildungsprozesse zur Verfügung. Von daher wird hier im ersten Teil des Buches auch

Kind und Erzieherin im Projekt

häufig von Projekt*methode* gesprochen, da es nicht um einzelne Projekte gehen wird, sondern um die pädagogischen Ziele, Merkmale und Grundsätze dieser besonderen Form der Lernprozessgestaltung im Elementarbereich.

Von „Projektmethode" ist die Rede, wenn allgemein die hier beschriebene elementarpädagogische Lernform gemeint ist. Mit „Projekt" ist ein konkretes pädagogisches Vorhaben gemeint, das die Merkmale und Grundsätze der Projektmethode erfüllt.

Auch wenn die elementarpädagogischen Fachkräfte in der Kindertagesstätte dabei eine zentrale Rolle spielen, werden die Themen und Inhalte, die im Projekt im Mittelpunkt stehen, gemeinsam mit den Kindern gefunden und ausgehandelt. Wie das im Einzelnen aussehen kann und worauf dabei zu achten ist, wird im zweiten, eher praktischen Teil des Buches dargestellt. Projekte sind vor allem dann gelungene Lernsituationen für Kinder, wenn sie thematisch deren Bedürfnisse, Interessen und Fragen aufnehmen, ihnen Möglichkeiten zur aktiven Mitgestaltung geben und Spielräume für die eigentätige Auseinandersetzung mit ihren Themen eröffnen.

Die Forschung zum frühkindlichen Lernen hat gezeigt, dass das Lernen von Kindern gerade dann gut gelingt, wenn die von ihnen gemachten Erfahrungen durch den Dialog mit erwachsenen Bezugspersonen begleitet werden. Der Erfolg elementarpädagogischer Bildungsarbeit hängt wesentlich von den Impulsen und Anregungen flankierender Interaktionen ab. Neuere Untersuchungen zeigen, dass das Lernen und die Entwicklung von Jungen und Mädchen im frühen Alter stark bestimmt werden durch die Qualität und Angemessenheit dieser Interaktions- und Kommunikationsprozesse sowohl der Kinder untereinander (Peerinteraktion) als auch der Erwachsenen (z. B. Eltern, elementarpädagogische Fachkräfte) mit den Kindern (vgl. König, 2007, 2010a und 2010b; Krenz, 2013; Wertfein u. a., 2015).

Die Projektmethode im Kindergarten stellt eine Vorgehensweise dar, Lern- und Bildungsprozesse von Kindern zu unterstützen. Hierbei werden die kindlichen Interessen und Fragen aufgenommen. Der Lernweg wird nicht von der Erzieherin oder dem Erzieher vorgegeben, sondern von den Kindern mit den Erwachsenen gemeinsam erörtert und gestaltet. Die Lernprozesse beruhen insofern auf sozialem Handeln.
Im Mittelpunkt der Aktivitäten steht ein Thema als roter Faden und die Auseinandersetzung mit den sich daraus ergebenden Inhalten geschieht auf vielfältige Art und Weise.
Projekte bieten vor allem dann gute Lernmöglichkeiten für Kinder in Kindertagesstätten, wenn sie lernförderliche Interaktionen der Kinder untereinander sowie mit den Erwachsenen anregen und von diesen begleitet werden.

1.1.1 Projekte als Lernangebot im Kindergarten

Was genau steht bei dieser Form des Lernens im Vordergrund? Die vorangehenden Ausführungen machen schon auf einige Aspekte aufmerksam. Kennzeichnend für ein Projekt sind aber darüber hinaus noch weitere Merkmale, die in den folgenden Definitionen angesprochen werden. So verstehen amerikanische Vorschulpädagoginnen und -pädagogen unter einem Projekt in einer Vorschulklasse Folgendes:

Was ist ein Projekt?

„Ein Projekt ist eine längerfristige Untersuchung eines Themas, die in der Regel von einer Klasse, meistens aufgeteilt in Kleingruppen, manchmal auch nur von einer Gruppe von Kindern aus der Klasse oder gelegentlich nur von einem einzelnen Kind durchgeführt wird. Diese Untersuchung schließt verschiedene Aspekte eines Themas ein, die sowohl die teilnehmenden Kinder interessieren als auch von ihren Lehrer/-innen als sinnvoll angesehen werden."

(Katz/Chard, 2000, S. 201)

In der Fachdiskussion existieren weitere Definitionen:

Projekte im Kindergarten

„Ein meist größeres Vorhaben wird von den Erzieher/-innen und Kindern gemeinsam geplant. Es ist längerfristig angelegt und erstreckt sich oft über mehrere Tage oder sogar Wochen. Es wird in der Gruppe bearbeitet, an seiner Auswahl und seinem Verlauf sind die Kinder unmittelbar beteiligt. Lernen, selbstständig zu handeln, für sich eine Aufgabe zu entwerfen und sie innerhalb größerer Zeitabschnitte zu bearbeiten, Bezüge zur alltäglichen Lebenswelt herzustellen – das sind die pädagogischen Leitziele der Projektarbeit."

(Zimmer, 1998, S. 18)

„Ein Projekt in Bildungseinrichtungen ist eine einmalige, offen geplante Bildungsaktivität einer lernenden Gemeinschaft von Kindern und Erwachsenen. Im Mittelpunkt steht die intensive, bereichsübergreifende Auseinandersetzung mit einem die Kinder interessierenden Thema und dessen Einbettung in größere Zusammenhänge. Gemeinsam wird das Thema vielseitig und arbeitsteilig untersucht und erforscht; dabei auftretende Frage- und Problemstellungen werden identifiziert und gemeinsam kreative Lösungswege gesucht und entwickelt, was sich über einen längeren Zeitraum erstreckt."

(Reichert-Garschhammer, 2014, S. 33)

Zusammenfassend kann man sagen, dass es sich bei einem Projekt um eine länger während Auseinandersetzung von Kindern und Erwachsenen mit einem Thema handelt, das ihren Fragen und Interessen entspricht. Dabei können unterschiedliche Arbeitsformen gewählt werden wie z. B. Kleingruppenarbeit oder die Beschäftigung mit einem Gegenstand in Einzelarbeit oder im Rahmen der gesamten Kindergartengruppe. Auch die Art und Weise des Handelns und Lernens ist unterschiedlich und kann im Verlauf des Projektes wechseln. Im Vordergrund steht dabei vor allem, dass die Kinder sich selbst bei der Gestaltung des Projektes mit einbringen können und gemeinsam mit den Erwachsenen Themen und Inhalte auswählen sowie Vorgehensweisen und methodische Wege festlegen. Nun kann die bisher vorläufige Beschreibung der Projektmethode vervollständigt werden.

*Die **Projektmethode** stellt eine spezifische Vorgehensweise dar, das Lernen von Kindern einer Kindertagesstätte in einer geeigneten Lernumgebung anzuregen und zu unterstützen. Kennzeichnend dafür ist, dass*

- *die Mitwirkung und Partizipation (Beteiligung an Entscheidungsprozessen und Aktionen) der Kinder im Mittelpunkt steht,*

- *von den Interessen und Themen der Kinder ausgegangen wird,*

- *über einen längeren Zeitraum und über mehrere Aktivitäten hinweg ein Thema verfolgt wird,*

- *sowohl inhaltlich als auch bezogen auf das Vorgehen die Kinder und die Erwachsenen, in aller Regel die pädagogischen Fachkräfte, gemeinsam den Verlauf gestalten,*

- *verschiedene Sozialformen und Methoden im Wechsel ermöglicht werden,*

- *soziales und kooperatives Lernen unterstützt wird und*

- *die Aktionen durch gelingende Interaktion der Kinder untereinander sowie mit den pädagogischen Fachkräften begleitet werden und auf diese Weise lernfördernd wirken.*

1.1.2 Zur Projektmethode in der Krippe

Bisher war von Projekten im Kindergarten die Rede, also in Kindertagesstätten für Mädchen und Jungen im Alter von drei bis sechs Jahren. Gerade in den letzten Jahren hat aber vor allem die Zahl der Krippen stark zugenommen. Dabei handelt es sich um Tageseinrichtungen für Mädchen und Jungen unter drei Jahren. Meist werden Kinder erst ab dem ersten Lebensjahr aufgenommen. Gab es in den fünf neuen Bundesländern traditionell schon immer eine gute Versorgung mit Krippenplätzen, haben nun auch die übrigen Länder auf der Grundlage des Rechtsanspruchs auf einen Betreuungsplatz in der Krippe oder Kindertagespflege für Kinder unter drei Jahren (§ 24 Abs. 2 SGB XIII) aufgeschlossen.

Die pädagogische Arbeit in Tageseinrichtungen für Kinder unter drei Jahren folgt eigenen Bedingungen und pädagogischen Grundsätzen. Sie unterscheidet sich in vielerlei Hinsicht von der Elementar- oder Kindergartenpädagogik für Mädchen und Jungen zwischen drei und sechs Jahren (vgl. Neuß, 2014; Haug-Schnabel, 2016). Dies ist vor allem auf entwicklungspsychologische Unterschiede zurückzuführen, die in den einzelnen Persönlichkeits- und Entwicklungsbereichen zu anderen pädagogischen Vorgehensweisen führen.

Daher stellt sich die Frage, ob auch in Krippen Projekte oder projektorientiertes pädagogisches Arbeiten möglich ist. Natürlich erscheint es möglich, im pädagogischen Handeln an den Bedürfnissen und den Interessen sowie Fragen von Mädchen und

Jungen in den ersten Lebensjahren anzudocken. Allerdings können Kinder dieser Altersgruppe die Gegenstände ihrer Wissbegierde in der Regel noch nicht sprachlich mitteilen (vgl. Ahrens/Klages, 2011, S. 3). Ahrens und Klages verweisen aber zu Recht darauf:

> „Doch wenn man sie beim Spielen beobachtet und ihre Aktivitäten erfasst, stellt man häufig fest, dass sie durch die Verfolgung bestimmter Interessen geleitet sind. Es kommt darauf an, diese Interessen aufzugreifen, die Kinder zu motivieren und zu versuchen zu verstehen, was sie gerade beschäftigt, um daraus ein Projekt entwickeln zu können."

(Ahrens/Klages, 2011, S. 3)

Insofern ist es durchaus möglich, Bildungsangebote in Krippen zu realisieren, die dieses wesentliche Merkmal projektorientierten Arbeitens erfüllen.

Es ist für diese Altersgruppe auch ohne Weiteres möglich, am Kind orientierte Themen zu finden und über einen längeren Zeitraum sowie über mehrere Aktivitäten hinweg zu verfolgen. Dabei können durchaus unterschiedliche Sozialformen und Methoden verwendet werden. Allerdings sind hier die kognitiven, sozialen und sprachlichen Fähigkeiten und Entwicklungsstände der Kinder unter drei Jahren zu beachten. So sind Erzählrunden und Gespräche im Sitzkreis oder Aktivitäten in Kleingruppen selbstverständlich anders zu gestalten als im Kindergarten.

Betrachtet man die Inhalte von Krippenprojekten und vergleicht sie mit denen aus dem Elementarbereich, so zeigt sich, dass bei Krippenkindern die sinnliche Wahrnehmung und Motorik im Vordergrund stehen. In Projekten mit Kleinkindern sind vor allem Angebote im Bereich der Wahrnehmung, der Grob- und Feinmotorik zu machen. Auch in Fällen, wo das Projektthema die Möglichkeit motorischer Aktivitäten und sinnlicher Wahrnehmung nicht unmittelbar nahelegt, ist nach Ahrens und Klages immer Wert darauf zu legen, den Kindern diese elementaren Erfahrungen zu ermöglichen (vgl. Ahrens/Klages, 2011, S. 7).

Projektorientierte Bildungsangebote müssen in Krippen daher auf spezifische Weise ausgerichtet und begleitet werden. Sie sind dabei in spezifischer Weise in die Beziehungs- und Bildungsarbeit der Fachkräfte einzubauen.

> „Die feinfühlige Beantwortung der Bedürfnisse des Kindes ist ausschlaggebend für einen Beziehungsaufbau in der Einrichtung. Ein Kleinstkind erwartet Schutz, Zuwendung und Beziehungsangebote. Die Feinfühligkeit des Verhaltens des Erwachsenen ist ein entscheidender Faktor für die Entwicklung einer sicheren Bindung."

(Haug-Schnabel, 2016, S. 5)

Daher erhält die Beobachtung der Bedürfnisse und Situationen des Kleinstkindes eine besondere Bedeutung. Darauf muss die pädagogische Fachkraft ihr Handeln aufbauen und dabei neben Feinfühligkeit auch Authentizität, Reflexionsfähigkeit und ein stabiles Selbst haben (vgl. Leichsenring, 2014).

„Das heißt, das Kind benötigt einen Erwachsenen, der ihm empathisch und wertschätzend gegenüber steht, mit ihm auch auf diese Weise kommuniziert und es in seiner Persönlichkeit, seinem Tun und Handeln anerkennt und ernst nimmt. Es muss seine Bedürfnisse und Wünsche, aber auch seine Ängste und Sorgen verbal oder nonverbal frei äußern können."

(Haug-Schnabel, 2016, S. 5 f.)

Es gibt daher durchaus entsprechende Literatur, die anwendungsbezogen Projekte für Krippenkinder beschreibt bzw. Anregungen und Materialien für deren Planung und Durchführung anbietet. Dabei sehen Ahrens und Klages vor allem die positive Einstellung der Fachkraft zur Durchführung von Projekten mit Kindern dieser Altersgruppe als eine wesentliche Voraussetzung für Projektarbeit in der Krippe. Sie seien fest davon überzeugt, dass im Idealfall Projekte mit Kindern im zweiten und dritten Lebensjahr tatsächlich möglich sind. Sind diese Voraussetzungen gegeben, zeigten auch schon Krippenkinder Motivation, sich auf Experimente, unbekannte Situationen, neues Material und Exkursionen einzulassen (vgl. Ahrens/Klages, 2011, S. 4).

Allerdings stellt sich die Frage, ob die damit angerissenen Konzepte vergleichbar mit Projekten im Kindergarten sind. Auch wenn projektorientiertes Lernen in der Krippe angebahnt werden kann, sind Kinder unter drei Jahren in aller Regel entwicklungspsychologisch in ihrem Spracherwerb sowie in ihren sozialen und kognitiven Fähigkeiten auf einem Stand, der ganz eigene elementarpädagogische Formen und Methoden erfordert, bei

Krippenkind, in das Spiel mit Bauklötzen vertieft

denen die Beobachtung und feinfühlige Beziehungsarbeit im Vordergrund stehen – und weniger Konzepte einer eigenaktiven Bildungsarbeit mit partizipativen und kooperativen Elementen.

Vor allem, wenn bei Projekten als grundlegendes Merkmal der Mitwirkung und Partizipation im Sinne der Beteiligung der Kinder an den Entscheidungsprozessen und der Gestaltung der Aktionen im Mittelpunkt steht, erscheint deren Realisierung nach dem hier vorliegenden Verständnis in der Krippe eher noch nicht möglich.

Vor diesem Hintergrund kommt Ellermann zu der Einschätzung, dass projektorientiertes Arbeiten sogar eher nur für fünf- und sechsjährige Kinder geeignet ist und weniger für drei- und vierjährige, weil für Letztere Projekte noch nicht überschaubar seien. Jüngere Kindergartenkinder benötigten demnach in höherem Maße unterstützende Hilfen der Fachkräfte, um sich selbst Ziele setzen zu können, sich in Kinderkonferenzen einzubringen, den Rahmen für das Vorgehen zu vereinbaren oder sich über den Verlauf gegenseitig informieren zu können (vgl. Ellermann 2013, S. 120).

Soweit soll hier nicht gegangen werden. Sicherlich ist es möglich, auch jüngere Mädchen und Jungen entwicklungsgerecht in einen Projektablauf einzubinden. So wachsen Kinder langsam in die Mitwirkung an Projekten hinein. Hier ist auf eine individualisierte Unterstützung der Lern- und Bildungsprozesse zu achten, und natürlich sind die Fachkräfte gefordert, durch die Gestaltung der Interaktionen den Drei- und Vierjährigen zur Mitwirkung am Projektverlauf zu verhelfen. Insgesamt wird aber vor allem im Hinblick auf das zentrale Merkmal der Partizipation und der eigenständigen Mitwirkung eher davon ausgegangen, dass in der Krippenpädagogik die Projektmethode noch nicht angezeigt ist.

Daher werden im weiteren Verlauf dieses Buches Projektmethode und Projekte vor allem im Rahmen der Elementarpädagogik im Kindergarten thematisiert. Sicherlich kann man aus den Ausführungen Anregungen ebenfalls für die Planung und Durchführung von Projekten in der Krippe entnehmen. Aber dann sollte vom projektorientierten Arbeiten gesprochen werden, um didaktisch-methodische Missverständnisse zu vermeiden.

1.1.3 Zum Begriff und zur Geschichte der Projektmethode

Der Projektbegriff ist schon recht lange bekannt und hat unterschiedliche Wurzeln, die teilweise bis zu drei Jahrhunderte alt sind. So wurde er bereits Anfang des 18. Jahrhunderts geprägt, als Studenten in Frankreich im Rahmen ihres Architekturstudiums „projets" einreichen mussten. Dabei handelte es sich um Baupläne, die ohne Hilfe der Professoren gemeinsam entwickelt und hergestellt wurden. Hier zeigen sich die ersten pädagogischen Wurzeln und Bezüge dieser Methode.

Eine andere Herkunftsquelle weist auf das Projekt als Mittel, Problemstellungen in komplexen modernen Industriegesellschaften anzugehen. Wirtschaftshistoriker führen die Anfänge dieser Form des Projektes auf die NASA zu Beginn der 1960er-Jahre zurück. Bei der Bewältigung ihrer Aufgaben wurde es zunehmend erforderlich, disziplinenübergreifend neben den alltäglichen Routinen und Arbeitsstrukturen neue Formen der Kooperation und Kommunikation zu nutzen, um an komplexen Problemstellungen zu arbeiten. Zur Durchführung dieser Art von Projekten wurden und werden in aller Regel Projektteams gebildet und die Steuerungsaufgaben obliegen den Grundsätzen des Projektmanagements (vgl. zum Projektmanagement: Kobelt Neuhaus, 2009, S. 14–17). Diese Form von Projekten findet sich inzwischen in vielen Unternehmen der Wirtschaft bzw. in öffentlichen Einrichtungen wie z. B. Bildungsinstitutionen, Kommunen und Kultureinrichtungen. Hier stehen pädagogische Erwägungen eher im Hintergrund.

Projekte können in Kindertagesstätten auch mit dieser Zielsetzung auftauchen. Dann steht ein einmaliges Vorhaben im Vordergrund, einrichtungsbezogen ein bestimmtes Produkt oder Ergebnis zu erzeugen. So kann es z. B. darum gehen, das Außengelände neu zu gestalten oder einen Tag der offenen Tür zu organisieren und durchzuführen. Kennzeichnend ist dabei, dass es sich um zusätzliche Aufgaben oder Problemstellungen neben dem Alltagsgeschäft handelt, die es in einem bestimmten zeitlichen Rahmen zu bewältigen gilt. Natürlich können Mädchen und Jungen einer Kindertagesstätte auch an einem solchen Projekt beteiligt werden, aber die Zielrichtung ist erst zweitrangig eine pädagogische.

Kinder arbeiten an der Neugestaltung des Außengeländes.

Daneben gehört das Projekt als Projektarbeit, Projektmethode oder Projektunterricht seit vielen Jahren fest zum Repertoire des Bildungsbereichs. Vor allem in der Schule werden seit den 1970er-Jahren Projekte bzw. Projektwochen durchgeführt, um das Lernen durch Handeln sowie durch eine fächerübergreifende Auseinandersetzung mit Inhalten und Gegenständen außerhalb des traditionellen Lehrstoffs zu unterstützen, wie z. B. durch die Gestaltung von Schulgärten oder Terrarien und die Beschäftigung mit der regionalen Geschichte oder berühmten Personen aus dem eigenen Ort. Hierbei stehen das selbsttätige Arbeiten und Lernen in Schülergruppen im Vordergrund sowie die Orientierung an deren Interessen und Fragen.

Maßgeblich mitgewirkt an der Einführung und Verbreitung der Projektarbeit im deutschen Raum haben Reformpädagogen wie Georg Kerschensteiner (1854–1932) und

Hugo Gaudig (1860–1923), die dem eigentätigen und handlungsorientierten Lernen in Theorie und Praxis den Weg ebneten, sowie Fritz Karsen (1885–1951) und Adolf Reichwein (1898–1944), die den Begriff des Projektes erstmalig verwendeten und weiterverbreiteten, um die Trennung des Denkens und Handelns im traditionellen Schulunterricht zu überwinden. Unter „Projektarbeit" wurde dabei teilweise mehr verstanden als nur eine Unterrichtsmethode. Damit war eine Bildungs- und Erziehungsphilosophie verbunden, die das Lernen in der Schule bzw. Berufsausbildung grundlegend reformieren sollte.

Vor diesem Hintergrund gehört die Projektmethode bzw. Projektarbeit inzwischen zum festen Bestandteil der Ausbildung von Erzieherinnen und Erziehern (vgl. Jaszus/ Küls, 2016, S. 316–334). Das hat zwei Gründe: Zum einen handelt es sich hierbei um eine Unterrichtsmethode, die sich für die moderne Ausbildungsgestaltung im Rahmen des Unterrichts besonders gut eignet. Hier stehen handlungsorientierte Lernformen im Vordergrund und ergänzen stimmig andere Lernformen. Zum anderen sind sie gleichzeitig eine gute Vorbereitung auf die Durchführung von Projekten in der späteren beruflichen Praxis, z. B. im Kindergarten.

Im Kindergarten hat die Projektmethode erst vor wenigen Jahrzehnten breiten Einzug gehalten. Sie leitet sich von den Entwicklungen im Schulbereich ab, muss aber für die pädagogische Arbeit mit Mädchen und Jungen im Kindergartenalter spezifisch ausgestaltet werden. Vor allem zwei Faktoren prägen den Einsatz der Projektmethode in der pädagogischen Arbeit mit jüngeren Kindern: Zum einen muss ein Projekt den Erfordernissen frühkindlicher Bildung und damit der Kindertagesstätte als Bildungseinrichtung gerecht werden und zum anderen – damit zusammenhängend – ist bei der Planung und Durchführung eines Projektes zu berücksichtigen, wie Kinder in diesem Alter lernen. Dass das nicht einfach mit dem Lernen von Schulkindern gleichgesetzt werden kann, weiß jede und jeder, die oder der mit Kindern in den ersten Lebensjahren zu tun hat. Drei-, Vier- oder Fünfjährige haben ihre eigenen Wege, sich Wissen über die Welt anzueignen oder Fähigkeiten und Fertigkeiten zu erwerben. Hierbei verfügen sie über altersgemäße Lernkompetenzen und vor allem eine hohe Lernmotivation und Wissbegierde. Daher sollen in den nächsten beiden Kapiteln diese Rahmenbedingungen frühkindlichen Lernens genauer erläutert und zur Projektmethode in Beziehung gesetzt werden.

Der Projektbegriff in Kindertagesstätten bezeichnet Aktionen der eigentätigen und handlungsorientierten Auseinandersetzung mit einer Problemstellung außerhalb des Alltagsgeschehens. Im pädagogischen Bereich werden diese Merkmale genutzt, um das Lernen motivierend und weitgehend interessengeleitet zu gestalten. Hierbei müssen bei Projekten im Kindergarten die entwicklungsbedingten Merkmale frühkindlichen Lernens sowie die Bedingungen der Bildungsarbeit im Elementarbereich beachtet werden.

 Aufgaben zu den Themen des Kapitels 1.1 finden Sie im Online-Material.

1.2 Lernen und Bildung im Elementarbereich und die Projektmethode

1.2.1 Die Kindertagesstätte als Bildungseinrichtung

Seit einigen Jahren redet man bezogen auf Kindertagesstätten ganz selbstverständlich von Bildungseinrichtungen. Gesetzliche Grundlage hierfür ist das Kinder- und Jugendhilfegesetz, das als Aufgabe der Tageseinrichtungen für Kinder „Erziehung, Bildung und Betreuung" ausweist (§ 22 Abs. 2 SGB VIII). Dieser Bildungsauftrag findet sich auch in vielen Ländergesetzen, die die Arbeit der Kindertagesstätten regeln. Kindergärten sind als Elementarbereich Teil des deutschen Bildungssystems. Sie gehen dem Primarbereich, d. h. der Grundschule, voraus und haben den ausdrücklichen Auftrag, Bildungsarbeit zu leisten.

In den Tageseinrichtungen für Kinder geht es dabei vor allem um

„(...) die Vermittlung grundlegender Kompetenzen und die Entwicklung und Stärkung persönlicher Ressourcen, die das Kind motivieren und vorbereiten, künftige Lebens- und Lernaufgaben aufzugreifen und zu bewältigen, verantwortlich am gesellschaftlichen Leben teilzuhaben und ein Leben lang zu lernen."

(Jugendministerkonferenz/Kultusministerkonferenz, 2004, S. 3)

In diesem Zusammenhang wird schon seit geraumer Zeit zunehmend intensiver und umfassender darüber nachgedacht und diskutiert, was mit Bildung in der frühen Kindheit überhaupt gemeint ist, wie Lern- und Entwicklungsprozesse bei Kindern von null bis sechs Jahren aussehen und wie diese am besten unterstützt werden können. Dabei liefert die Pädagogik der (frühen) Kindheit immer mehr Erkenntnisse darüber, welche Grundsätze und Bedingungen das Lernen von Kindern im frühen Alter kennzeichnen. Es darf nicht mit dem Lernen in der Schule verwechselt werden, sollte im besten Fall aber mit diesem abgestimmt sein.

Vor allem die Projektarbeit bzw. die Projektmethode scheint sich anzubieten, um den Anforderungen an moderne frühkindliche Bildung gerecht zu werden. So wird auch im „Gemeinsamen Rahmen der Länder für die frühe Bildung in Kindertageseinrichtungen" (Beschluss der Jugendministerkonferenz vom 13./14.05.2004, Beschluss der Kultusministerkonferenz vom 03./04.06.2004) die Projektarbeit als besonders geeignet für das ganzheitliche Lernen im Elementarbereich herausgestellt.

Bildung als Selbstbildungsprozess

Bildung wird als ein lebenslanger Prozess verstanden, der der menschlichen Entwicklung und der Entfaltung der Persönlichkeit dient. Er beginnt mit der Geburt und läuft das gesamte Leben hindurch – auch Erwachsene verändern ständig ihr Wissen und ihr Bild von der Wirklichkeit. Das wirkt sich im Denken, Verstehen und Handeln aus und führt im besten Fall zu einem selbstbestimmten, eigenverantwortlichen und gemeinschaftsfähigen Leben in der Gesellschaft. Bildung lebt dabei von der Auseinandersetzung mit der Welt, mit anderen Menschen und mit sich selbst. Wenn also ein Kind im Sandkasten eines Kindergartens mit Sand spielt – etwa mit einer Schaufel eine Sandburg baut, eine Höhle zu graben versucht und dies erst nach mehreren Versuchen schafft –, dann lernt es etwas in der Auseinandersetzung mit einem Ausschnitt der Welt. Wenn dann noch ein weiteres Kind dazu kommt und Konflikte entstehen oder das gemeinsame Spiel viel mehr Freude macht, entwickelt sich die Persönlichkeit des Kindes in der Auseinandersetzung mit der Welt, sich selbst und mit anderen Menschen. Wird das Kind auf diesem Wege in kleinen Schritten selbstständiger und sozial kooperativer, geschieht Bildung.

__Bildung__ ist ein Prozess, der auf die Entfaltung und Entwicklung der Persönlichkeit eines konkreten Menschen in seiner Individualität zielt und ihm zu eigenverantwortlichem und kooperativem Handeln in der Gesellschaft verhilft. Bildung beruht dabei auf Kompetenzerwerb durch die Auseinandersetzung mit der Welt, den Mitmenschen und sich selbst.

Das Beispiel macht deutlich, dass Bildung ein Prozess ist, der *in* einem Menschen stattfindet. In der aktuellen Diskussion geht man daher von einem Verständnis von Bildung aus, das diese als einen inneren, aktiven Konstruktionsprozess begreift.

Was heißt das? Jeder Mensch und damit auch ein Zweijähriger setzt sich in individueller und damit einzigartiger Weise mit der Welt, die ihn umgibt, mit anderen Menschen, die seine soziale Umwelt bilden, und mit sich selbst auseinander. Dabei verändert sich sein inneres Bild von der sächlichen, sozialen und psychischen Wirklichkeit ständig, weil immer wieder Neues hinzukommt und bisher vorhandenes Wissen umgestaltet wird. Seit Jean Piaget (Entwicklungspsychologe, 1896–1980) wissen wir, dass dies ein aktiver Prozess ist, in dem der Zweijährige zum Akteur seiner Entwicklung wird.

__Beispiel:__ Der zweijährige Paul weiß, dass ein Ball rund ist, verschiedene Farben haben kann und sich z. B. zum Rollen eignet. Sobald er in der Krippengruppe der „Villa Kunterbunt" einen Ball sieht, läuft er hin und spielt damit, indem er ihn hin und her kullert. Dieses Wissen ist nicht vermittelt worden, sondern Paul hat es handelnd im Umgang mit dem Gegenstand erworben.

Paul entdeckt die Welt.

Nun kann es aber sein, dass die vorhandenen Denkschemata für das Verstehen der Umwelt nicht ausreichen. Wenn Paul z. B. eine Bowlingkugel sieht, wird er erst einmal die bekannten Vorstellungen eines Balls darauf anwenden und den Gegenstand entsprechend behandeln. Versucht er nun, die Kugel anzuheben, bemerkt er, dass es sich hierbei nicht um einen Ball handeln kann, denn den konnte er ja problemlos anheben und herumkullern. Er wird die neue Sache untersuchen, ihr Gewicht wahrnehmen und sie zu rollen versuchen; um dann vielleicht die Erzieherin fragend anzuschauen, weil die vorhandenen Begriffe und Vorstellungen für diesen neuen Gegenstand nicht ausreichen. Sie erläutert ihm dann, dass das eine Bowlingkugel sei. Auf diese Weise verändert Paul seine Denkschemata: Was rund und leicht ist und sich problemlos kullern lässt, ist ein Ball; was rund und schwer ist und sich nicht einfach rollen lässt, ist eine „Kugel" (bzw. Bowlingkugel). Auf diesem Wege werden sich die kognitiven Schemata des Kindes in der aktiven Auseinandersetzung mit der Welt immer weiter ausdifferenzieren und verfeinern (vgl. Küls u. a., 2006, S. 158).

Frühkindliche Bildung basiert auf der Einsicht, dass jedes Kind von Geburt an ein aktiver und kompetenter Konstrukteur seines Wissens über die Welt ist und damit eigenständig die Grundlagen für sein selbstbestimmtes Handeln schafft.

Bildung aus sozialkonstruktivistischer Sicht

Inzwischen gibt es eine breite Übereinstimmung darüber, dass die dargestellte subjektive Sicht auf den innerpsychischen Konstruktionsprozess von Wissen allein nicht ausreicht, um Bildung zu verstehen. Sie stellt nur eine Seite des Prozesses dar. Lernen und Bildung wird ebenfalls als ein sozialer Prozess begriffen, an dem zwei oder mehr Beteiligte aktiv mitwirken. Das Wissen über die Welt und über sich selbst sowie über andere Menschen wird „sozial konstruiert".

*Der **Sozialkonstruktivismus** versteht Bildung und Lernen als einen Prozess, der auf sozialer Interaktion beruht. Wissen und Sinn werden sozial konstruiert, d.h., sie werden von zwei oder mehr Personen aktiv durch Verständigungs- und Aushandlungsprozesse erarbeitet.*

So beruhen die Weltsicht und das Weltwissen eines Kindes auch auf Interaktionen mit Gleichaltrigen (Peers) (vgl. Lamp/Küls, 2014, S.138 ff.) und vor allem mit Erwachsenen. Mädchen und Jungen tauschen sich mit anderen aus und bilden auf diese Weise ein Verständnis für die Dinge dieser Welt oder für Sinnkonstruktionen.

Die Peers sind wichtig, weil Kinder sich gemeinsam mit ihren Spielgefährtinnen und -gefährten mit für sie bedeutsamen Dingen auseinandersetzen, ihre Ideen und Interpretationen austauschen und sich gegenseitig beeinflussen. Dabei geht es nicht um die „Richtigkeit" der jeweiligen Weltsicht, sondern darum, eine für das gemeinsame Tun tragfähige Deutung zu erlangen. In manchmal langen Prozessen und dann auch wieder blitzschnell wird ausgehandelt, woher beispielsweise die Babys kommen und wie dies im gemeinsamen Spiel umzusetzen ist. Dann kann unter Umständen eine tragfähige Lösung darin bestehen, dass eine Puppe unter den Pullover gesteckt – das Kind ist ja im Bauch der Mutter – und dann zur Geburt einfach herausgezogen wird.

Als zweite wichtige soziale Gruppe treten die erwachsenen Bezugspersonen der Kinder in Erscheinung, z. B. die Erzieherin in der Kindertagesstätte oder Mutter und Vater. Sie spielen ebenfalls eine wesentliche Rolle in den Bildungsprozessen der Kinder. Dabei trichtern sie den Kindern heutzutage hoffentlich nicht mehr ein, wie die Welt „in Wahrheit ist" und wie man sich in ihr bewegen müsse. Vielmehr ist die gemeinsame Verständigung darüber das Ziel, welche Themen und Inhalte für die Auseinandersetzung mit der Wirklichkeit bedeutsam sind.

Die Erwachsenen übernehmen die wichtige Aufgabe, den Kindern einen Zugang zur Welt zu ermöglichen. Sie stehen sozusagen für die gesellschaftliche, kulturelle und natürliche Wirklichkeit und können Auskünfte darüber geben, wie die Realität aus Sicht der „Großen" gesehen wird. Sie sind quasi ein wichtiges Fenster, durch das die äußere Welt in z. B. den Kindergarten hineinblickt. Sie berichten über den Zoo in der fernen Großstadt, über andere Länder und wie spannend dort Sitten und Gebräuche sind oder über die Sterne. Dabei spielen die in einer Kultur von allen geteilten Überzeugungen und Sichtweisen eine große Rolle. Die Kinder nehmen diese Informationen, Einschätzungen, Beurteilungen und Vorstellungen der erwachsenen Bezugspersonen auf und integrieren sie in ihren individuellen Bildungsprozess.

> „Bildungsprozesse sind immer soziale und kommunikative Prozesse zwischen Kindern sowie zwischen Kindern und Erwachsenen. Insofern sprechen wir in diesem Zusammenhang von Ko-Konstruktion. Kinder sind auf eine positive Resonanz ihrer Bezugspersonen angewiesen. Dadurch können sie Ereignisse und Erfahrungen als sinn- und bedeutungsvoll bewerten. Ohne eine Sinn stiftende Kommunikation würden die Kinder von der Fülle der Eindrücke überfordert."

(Niedersächsisches Kultusministerium, 2005, S.12)

Die Ausführungen über dieses sozialkonstruktivistische Bildungsverständnis zeigen, wie wichtig gerade das kooperative Lernen und Handeln im Projekt ist. Lern- und Bildungsprozesse sind soziale Prozesse, die auf Interaktionen beruhen.

Kinder konstruieren eigentätig ihr Wissen, ihre Sichtweisen und ihr Sinnverständnis in Interaktionsprozessen mit Gleichaltrigen und Erwachsenen. Der Begriff der Bildung als Selbstbildungsprozess und das sozialkonstruktivistische Verständnis von Bildung sind keine Gegensätze, sondern zwei Seiten einer Medaille.
Auf der Grundlage jeweils eigener Erfahrungen entsteht durch ein wechselseitiges Aufeinander-Einwirken von Menschen ein jeweils individuelles Verständnis von Welt und Wissen. Dieser Prozess ist zudem immer in ein kulturell bedingtes Weltverständnis eingebettet (vgl. Fthenakis u.a., 2009b, S.18f.).

Projekte bzw. der Einsatz der Projektmethode in Kindertagesstätten, die als Bildungseinrichtungen verstanden werden, bauen auf diesem Bildungsverständnis auf.

1.2.2 Wie Kinder im Kindergartenalter lernen

Bildungsprozesse sind Lernprozesse – wobei natürlich nicht jedes Lernen als Bildung verstanden werden kann. So lernen wir, vor etwas Angst zu haben, was man nicht als Bildung bezeichnen würde. Aber wenn Bildung geschieht, beruht dies immer auf Lernen. Lernprozesse von Kindern verlaufen in verschiedenen Entwicklungsphasen sehr unterschiedlich. Viel hängt jeweils von den bisher gemachten Erfahrungen, dem zuvor erworbenen Wissen, aber auch von den Wahrnehmungsfähigkeiten und dem kognitiven, sozialen und emotionalen Entwicklungsstand ab. (Vgl. zum Entwicklungsstand von Drei- bis Sechsjährigen die entwicklungspsychologische Fachliteratur, z. B. Siegler u. a., 2016, Entwicklungspsychologie im Kindes- und Jugendalter; Kasten (Hg.), 2014, Entwicklungspsychologie. Lehrbuch für pädagogische Fachkräfte.) Daher ist es wichtig, sich über die Grundlagen und Merkmale des Lernens in der frühen Kindheit klar zu werden, wenn man Bildung in Kindertagesstätten unterstützen und fördern möchte. Leitend muss also die Frage sein, auf welche Art und Weise und unter welchen Bedingungen Kinder im Kindergartenalter am besten lernen. Dieses Wissen ist dann bei der Planung und Durchführung von Projekten als Lernangebote im Kindergarten zu berücksichtigen.

Kinder lernen ganzheitlich

Seit Johann Heinrich Pestalozzi (Schweizer Pädagoge, 1746–1827) wissen wir von der Ganzheitlichkeit des elementaren Lernens im frühen Kindesalter. Sein Hinweis auf das Lernen mit Kopf, Herz und Hand gehört inzwischen zum pädagogischen Grundbestand. Das Lernen von Kindern betrifft immer die gesamte Persönlichkeit, d.h., Lernprozesse geschehen, indem alle Sinne, Emotionen und intellektuelle Fähigkeiten des Kindes angesprochen werden (vgl. Fthenakis u. a., 2009b, S. 30 f.). Wenn sich z. B. Mädchen und Jungen in einer Kita angesichts mitgebrachter Versteinerungen von urzeitlichen Schnecken mit dem Thema „Fossilien" beschäftigen, fassen sie diese an, riechen vielleicht daran, sprechen darüber und erzählen sich Erlebtes, etwa von einer Nacktschnecke aus dem elterlichen Garten. Ängste und

Kinder lernen ganzheitlich, z. B. im Sandkasten.

Ekel werden dabei genauso deutlich wie Neugierde und Forscherdrang – und das Thema kann dann zugleich in das anschließende Spielen übernommen werden.

Gleichzeitig bedeutet ganzheitlich auch, dass es beim Lernen in der frühen Kindheit keine Fokussierung auf ein „Fach" oder einen Bildungsbereich gibt. Wenn mehrere Kinder gemeinsam im Sandkasten mit Gießkanne, Schaufel und Sand eine Burg bauen, dann lassen sich vielfältige Lernebenen erkennen. So vollzieht sich naturwissenschaftliches Lernen im Sinne von Materialerfahrung und physikalischem Lernen (z. B. Dichte, Schwerkraft, Statik), aber gleichzeitig auch soziales Lernen und sprachliche Bildung durch die Kooperation bzw. Konfliktlösungen zwischen den Kindern, motorisches Lernen durch das Formen des Sandes und das Schütten in verschiedene Behälter usw.

Für Kinder im Kindergartenalter ist die Auseinandersetzung mit der Welt noch wenig trennscharf, d. h. wenig in die verschiedenen Sinneswahrnehmungen bzw. in Wahrnehmung und Denken auf der einen Seite und Handeln auf der anderen Seite differenziert. Handeln, Denken und Fühlen bilden eine Ganzheit und prägen auf diese Weise die Auseinandersetzung mit der Welt und damit das Lernen.

Kinder lernen spielerisch

Damit wird eine Selbstverständlichkeit ausgedrückt. Spielen bedeutet für Kinder etwas sehr Ernstes. Lern- und Bildungsprozesse beruhen auf einem sehr komplexen Zusammenspiel von Denken, Wahrnehmen, Kommunikation, Emotionen und Fantasie. Vor allem in den ersten Lebensjahren hängen Lernen und Denken eng mit Spielen und Fantasie zusammen. Spielen ist die dem Kind eigene Art, sich quasi in einem Als-ob-Modus mit anderen, sich selbst sowie mit Erlebnissen und Themen auseinanderzusetzen und die eigene Umwelt zu begreifen, zu erforschen und sich zu eigen zu machen.

Im Spiel sind Kinder aktiv, hoch konzentriert und motiviert und ihr spielerisches Handeln ist für sie subjektiv bedeutsam. Lernen ist auf diese subjektive Bedeutung angewiesen. Für Kinder entsteht diese vor allem über Fantasie und Spiel. Sie können sich die Welt bzw. die Wirklichkeit und deren Bedeutsamkeit aufgrund ihres kognitiven Entwicklungsstandes noch nicht über abstrakte Denkprozesse erschließen. Deshalb erfolgt der Zugang zur Wirklichkeit über das Spiel und die Fantasie, in der die Auseinandersetzung mit den Gegenständen und Lebewesen der Realität persönlich wichtig wird und Interesse weckt. Wenn Kinder also im Kindergarten „Löwe" spielen, dann sind sie unmittelbar motiviert und der Gegenstand ihres Spiels ist ihnen bedeutsam. Sie aktivieren bisheriges Wissen über Löwen, z. B. dass diese laut brüllen und andere Tiere jagen, und setzen diese biologischen Zusammenhänge spielerisch um. Und sie wollen mehr über Löwen wissen.

> „Im Spiel ist das Kind der Akteur, der seine Umgebung neugierig erforscht und Strategien für neue Handlungen entwickelt. Das Lernen ist ein integraler Bestandteil des Spielens."

(Ott, 2008, S. 148)

Spielen führt aber nicht notwendigerweise zu substanziellen Lernfortschritten. Manchmal bleiben Kinder in ihrem Spielverhalten auch unter ihrem Entwicklungsniveau, wenn sie z. B. immer das gleiche spielen. Dann können entwicklungsfördernde Anregungen und Interventionen etwa einer Erzieherin wichtig sein, damit das Spiel wieder bildend wirkt (vgl. Siegler u. a., 2016, S. 250). Günstig ist dabei, eine mittlere Spielebene anzupeilen, die als Handlungsebene bewusster und zielgerichteter Vorgänge (z. B. „Ich bin Gast im Restaurant.") gekennzeichnet ist. Entwicklungsfördernde Impulse auf dieser Ebene (z. B. „Gibt es in diesem Lokal keine Rechnung?") befähigen das Kind *im Spiel* zu Leistungen, zu denen es außerhalb nicht in der Lage wäre (vgl. Kammermeyer, 2006, S. 181 f.). Auf diese Weise lässt sich die hohe Motivation von jüngeren Kindern zum Spiel nutzen, um ihre Lern- und Bildungsprozesse bewusst zu unterstützen.

Kinder lernen aus Neugierde und Wissbegierde

Mädchen und Jungen im frühen Alter sind sehr wissbegierig und wollen ihr unmittelbares Umfeld, aber auch die Welt insgesamt erkunden und erforschen. Sie stellen Fragen, wollen verstehen und ihre Umwelt begreifen. Vor allem wenn etwas Ungewöhnliches oder aber Alltägliches *neu* in das Blickfeld des Kindes tritt, weckt es seine Neugierde und das Kind wendet sich der Sache oftmals sehr konzentriert zu. Dabei kann es Dinge, die sein Interesse wecken, erstaunlich lange beobachten und damit experimentieren, d. h., durch Veränderungen der Rahmenbedingungen schauen, welche Prozesse ausgelöst werden. Wer jemals ein Kind beim Bau eines Wasserdammes in einem kleinen Bachlauf beobachtet hat, wird dies bestätigen.

„Kinder sind von Natur aus neugierig und haben Freude an Herausforderungen. Sie wird am meisten geweckt und bleibt am längsten erhalten, wenn sich das Kind aktiv betätigen kann. Die Neugier leitet das Kind beim Lernen."

(Jaszus u. a., 2014, S. 350)

Diese intrinsische, d. h. von innen kommende Motivation steuert die Richtung und die Intensität des frühkindlichen Lernens. Nehmen wir als Beispiel einige Kinder, die in ihrem Spiel am Bachlauf im Außengelände einer Kita einen Damm bauen wollen. Sie erfahren, dass ihre Sandkonstruktion ständig weggespült wird. Nun kann es passieren, dass sie sich konzentriert mit diesem Phänomen auseinandersetzen und es durch Ausprobieren unterschiedlicher Mengen von Sand bzw. anderer Materialien lösen wollen. Dabei zeigen sie eine hohe Aufmerksamkeit und Ausdauer im Bestreben, Dinge zu durchschauen und zu verstehen, also eine hohe Lernmotivation.

Was Kindern in diesem Alter erst in Ansätzen gelingt, ist die Selbstregulation ihrer Konzentration. So erlahmt ihr Interesse schnell, wenn ihre Neugierde oder Wissbegierde nicht mehr durch neue Reize und eigenaktive Auseinandersetzung gefüttert wird. Sie können sich nur eine kurze Zeitspanne konzentriert mit Themen befassen, die sie im Augenblick nicht so spannend und interessant finden. Hierzu bedarf es dann anderer Formen der Motivation, die von außen Anreize bieten. Erst im Alter von fünf Jahren gelingt es Kindern, auf eine kurzfristige kleinere Belohnung zu verzichten, um eine größere Belohnung später zu erhalten (vgl. Saalbach u. a., 2010, S. 92). Damit beginnt langsam der Aufbau von Schulfähigkeit, d. h., der Fähigkeit, sich mit Themen und Inhalten im Unterricht zu beschäftigen, die von außen kommen und nicht den spontanen unmittelbaren Interessen der Kinder entsprechen.

Kinder lernen ausgehend von Alltagserfahrungen

In den ersten Lebensjahren lernen Mädchen und Jungen gern und sind jederzeit hoch motiviert, Neues zu erfahren. Allerdings sind sie dazu auf anschauliche und konkrete Anregungen angewiesen. Die intellektuellen Fähigkeiten von Kindern unter sechs Jahren lassen es in aller Regel noch nicht zu, abstrakte Begriffe oder Zusammenhänge kognitiv zu erfassen. Die Inhalte und Gegenstände, mit denen sie sich auseinandersetzen, müssen greifbar und sinnlich wahrnehmbar sein. Am besten eignen sich daher Alltagserfahrungen und -zusammenhänge, um Kinder zu neugierigen Fragen und Forschungen anzuregen. Die Kinder wollen gerade die Dinge aus dem nahen Umfeld verstehen, weil es sich hierbei um das Feld ihrer ersten eigenen Schritte handelt. Aus diesem Grund ist gerade hier eine Orientierung und Wissen im Rahmen zunehmender Autonomie und Selbstständigkeit im Handeln sehr wichtig.

Ein Küchenherd und Küchenutensilien sind von zu Hause bekannt, Wetterphänomene wie Schneefall und Regen sind direkt anschaulich erfahrbar, ein Feuerwehrauto oder einen Krankenwagen kennen viele Kinder aus eigenen Beobachtungen und etwas über den Umgang einer Mutter mit einem Baby erfahren Kinder manchmal in der eigenen Familie. Von diesen konkret erfahrbaren Inhalten aus lassen sich dann auch Zusammenhänge und Themen kennenlernen, die räumlich weiter entfernt sind und nicht zum unmittelbaren Umfeld des Kindes gehören. So kann von der Küche und dem Kochen im Kindergarten aus auch die Essenszubereitung in anderen Kulturen oder von Wetterphänomenen in Mitteleuropa aus die ewige Sonne in der Wüste oder der ewige Schnee in Grönland betrachtet werden. Wichtig ist, dass das kindliche Lernen von anschaulichen und konkreten Alltagserfahrungen ausgeht.

Kinder lernen situativ und „zufällig"

Vor allem junge Kinder lernen „zufällig" bzw. situativ, wobei dies aus der Sicht der Kinder zu verstehen ist. Sie sind, wie auf den vorherigen Seiten erläutert wurde, vor allem interessiert und neugierig, wenn sie mit etwas Neuem oder etwas Gewohntem *neu* konfrontiert werden. Daher werden ihre Lern- und Bildungsprozesse in erster Linie dadurch bestimmt und geprägt, was ihnen in ihrem Umfeld bzw. in ihrer Umgebung begegnet. Liegle hält dazu fest:

„Das Lernen der Kinder im Vorschulalter findet zu einem großen Teil unbewusst, beiläufig, zufällig statt. Dasjenige jedoch, was den Kindern als Gelegenheiten und Herausforderungen zum Lernen ‚zufällt‘, hängt davon ab, was sie in ihrer Umwelt – in diesem Fall: dem Kindergarten – vorfinden."

(Liegle, 2009, S. 8)

Kinder haben quasi ein Radar für interessante Aspekte und Inhalte. Alles kann spannend sein oder werden. Es muss nur in „greifbarer" Nähe sein. Wobei auch Bilder eine Brücke darstellen können, z. B. das Foto von einem Eisbären, um über einen so fernen Gegenstand wie den Nordpol zu sprechen. Hingegen können Kinder im jungen Alter ihre Aufmerksamkeit noch nicht bzw. nur beschränkt auf Dinge richten, die sich nicht in ihrem direkten Umfeld befinden und die sie daher wenig interessieren.

In diesem Sinne gestaltet sich das Lernen von Mädchen und Jungen im Kindergarten eher situativ und zufällig und damit weniger bewusst und zielorientiert. Allerdings können durch die Gestaltung der Umgebung Akzente gesetzt bzw. kann durch das Aufsuchen eines interessanten Umfeldes zumindest indirekt Einfluss auf die Bildungsprozesse der Kinder genommen werden.

„Einen Großteil dessen, was wir im Laufe unseres Lebens lernen, lernen wir unbeabsichtigt und eher beiläufig. (...) Nicht strategisches inzidentelles [= zufälliges, Anm. d. Verf.] Lernen entsteht häufig allein dadurch, dass Personen mit Informationen konfrontiert werden. So kann z. B. die spielerische Erfahrung mit Schrift Kinder bereits sehr früh beiläufig mit verschiedenen Aspekten von Schrift vertraut machen, sodass ihnen später der absichtliche und gezielte Erwerb der Schriftsprache viel leichter gelingt."

(Hasselhorn, 2005, S. 86)

Kinder lernen durch selbsttätige Erfahrungen und praktisches Handeln

Sicherlich hören Kinder auch gern zu und erwerben Wissen durch die Erzählungen einer Erzieherin oder anderer Kinder oder durch die Bilder in Büchern oder aus anderen Medien. Aber in den ersten Lebensjahren lernen Kinder vor allem durch selbsttätige Erfahrungen, d. h. durch Erfahrungen aus erster Hand. Sie müssen den Regenwurm selbst in die Hand nehmen, ihm ein Haus bauen oder selbst die Eindrücke aus dem Ausflug zur Ortsfeuerwehr im Spiel durchleben, um sich auf diese Weise dauerhaft Wissen über die Alarmierung der Feuerwehr und das Löschen von Feuern anzueignen.

Die Initiative der Auseinandersetzung mit den jeweiligen Themen und Gegenständen geht dabei vom Kind aus. Es wird selbst tätig und aktiv und macht hierdurch selbstgesteuert Erfahrungen, die sich gerade in der frühen Kindheit viel besser in vorhandene Wissensstrukturen verankern lassen als über Medien oder verbale Berichte vermittelte. Außerdem ist die selbsttätige Auseinandersetzung mit einer Sache oder einem Thema in aller Regel mit der Informationsaufnahme über viele Sinne verbunden – vor allem, wenn es um das Lernen durch praktisches Handeln geht.

Beispielsweise sind in der naturwissenschaftlichen Bildung Lernprozesse durch praktisches Tun sehr wichtig, etwa durch Experimente (vgl. Küls u.a., 2006, S.178–185; Werner, 2014, S. 199–218). Kinder müssen selbst ausprobieren, dass ein Ball auf unterschiedlichen Untergründen wie einer Wiese, Asphalt oder festem Sand unterschiedliche Rolleigenschaften hat. Daher kommen diese handlungsbezogenen und entdeckenden Lernformen der kindlichen Neugier sowie ihrem Handlungsdrang eher entgegen als Formen der sprachlichen Wissensvermittlung in Form von Erzählungen, Berichten usw., entsprechend dem Grundsatz Maria Montessoris (Italienische Pädagogin, 1870–1952): „Hilf mir, es selbst zu tun."

Kinder im Kindergartenalter lernen vor allem:
- *ganzheitlich*
- *spielerisch*
- *ihrer Neugierde folgend*
- *ausgehend von Alltagserfahrungen und Alltagssituationen*
- *situativ und zufällig*
- *selbsttätig und durch praktisches Handeln*

 Im Zusatzmaterial 1 finden Sie eine Checkliste „Wie Kinder im Kindergartenalter lernen".

1.2.3 Folgerungen für den Einsatz der Projektmethode

Ausgehend von den bisherigen Ausführungen zur Projektmethode ergeben sich einige Aspekte, die beim Einsatz dieser Methode zu beachten sind.

Projekte als Lernangebote für Mädchen und Jungen in einer Kindertagesstätte müssen sich in ihren Zielen, Merkmalen und Grundsätzen an den bildungstheoretischen und entwicklungspsychologischen Erkenntnissen über das frühkindliche Lernen orientieren. Sie sind dabei nicht als Selbstzweck zu verstehen, sondern verfolgen aus der Perspektive der erwachsenen Bezugspersonen, aber auch der Gesellschaft insgesamt eine Zielsetzung. Sie sollen bildend wirken, d.h., sie sollen Kinder in ihrer Persönlichkeitsentwicklung fördern und sie auf ein eigenständiges, selbstverantwortliches und sozial kompetentes Leben in der Gesellschaft vorbereiten. Daher wird auch vom *Bildungsauftrag* der Kindertagesstätten gesprochen.

Vor allem die Prinzipien forschenden und entdeckenden Lernens sowie Lernformen, die durch Eigentätigkeit und das Zulassen eigener Erfahrungen gekennzeichnet sind, unterstützen frühkindliche Bildung im Kindergartenalter. Deren Realisierung gelingt vor allem in Projektform. Daher unterstützt die Projektmethode in besonderer Weise die Gestaltung günstiger Lerngelegenheiten und Lernumgebungen für Kinder im frühen Alter.

Bildungsprozesse werden vom Kind selbst aktiv gestaltet – d. h., das Kind *konstruiert* sein Wissen über die Welt in der eigentätigen Auseinandersetzung mit Gegenständen, Menschen und mit sich selbst. Das geschieht allerdings nicht in einer einsamen und isolierten Art und Weise, sondern erfordert Interaktionen mit anderen. Dahinter steht ein *sozialkonstruktivistisches* Lern- und Bildungsverständnis. Projekte sind danach pädagogische Vorhaben, die die Begleitung von Erwachsenen im Dialog bzw. in lernanregender Interaktion erfordern. Dies unterstreicht die Bedeutung des pädagogischen Handelns der elementarpädagogischen Fachkräfte im Kindergarten. Damit ist ein soziales und interaktives Handeln gemeint, das im Allgemeinen mit „Erziehung" umschrieben wird.

> „Der Kindergarten kann seine Aufgabe als Bildungseinrichtung am besten erfüllen, wenn es den Fachkräften gelingt, eine gute Passung zwischen den Wegen des kindlichen Lernens und den Wegen der Erziehung zu realisieren."

(Liegle, 2009, S. 6)

Aufgaben zu den Themen des Kapitels 1.2 finden Sie im Online-Material.

1.3 Erziehung als Unterstützung von Bildungsprozessen und die Projektmethode

1.3.1 Erziehung als Ko-Konstruktion

Projekte in Kindertagesstätten sind dadurch gekennzeichnet, dass die Fragen, Themen, Interessen und Wissensbedürfnisse der Kinder in den Mittelpunkt gestellt werden. Die Mädchen und Jungen der jeweiligen Kindergartengruppe oder Einrichtung werden an den Planungen und an der Gestaltung des Projektverlaufs beteiligt und bringen sich an den entsprechenden Stellen mit ein. Hierbei kommt den elementarpädagogischen Fachkräften, aber auch den Müttern und Vätern die wichtige Aufgabe zu, diese Bildungsprozesse der Kinder angemessen zu unterstützen und zu fördern. Diese Seite der Unterstützung wird traditioneller Weise als *Erziehung* bezeichnet.

> „Denn was wäre Erziehung anderes als die Ermöglichung von Bildung, die Aufforderung zur Bildung."

(Liegle, 2009, S. 6; vgl. auch Liegle, 2014)

Erziehung umfasst im Zusammenhang mit Bildung zielgerichtetes soziales Handeln Erwachsener, das das Kind bei der eigenständigen Auseinandersetzung mit der Welt, mit anderen Menschen und sich selbst unterstützt.

Selbstverständlich wird hierbei im Rahmen von Projekten nicht einfach bereits vorhandenes und fertiges Wissen vermittelt. Gleichzeitig bleiben die Kinder und ihr Lernen aber auch nicht sich selbst überlassen. Ein sinnvoller Mittelweg besteht darin, die Eigenaktivität der Kinder und lernunterstützende Impulse bzw. Interaktionen durch die Erwachsenen in eine stimmige Balance zu bringen.

In der Elementarpädagogik wird dieser Prozess durch das Konzept des Ko-Konstruktivismus beschrieben. Erziehung wird dabei in einem weiten Sinne als ein den Bildungsprozess des Kindes unterstützendes Handeln verstanden. Der Lern- bzw. Bildungsvorgang im Kind selbst wird als ein individueller Konstruktionsprozess begriffen, der aber sozial bedingt ist und so immer zu einem Ko-Konstruktionsprozess wird. Dieser ist grundsätzlich in soziale und kulturelle Bezüge eingebettet.

*Lernen wird im Ansatz des **Ko-Konstruktivismus** auf der Grundlage des Sozialkonstruktivismus als kooperative und kommunikative Aktivität verstanden, an der Kinder und Erwachsene aktiv beteiligt sind und bei der gemeinsam Sinn konstruiert wird sowie Kompetenzen in Interaktion neu aufgebaut werden (vgl. Fthenakis u. a., 2009b, S. 20).*

Erziehung ist daher als ko-konstruktiver Vorgang zu verstehen – allerdings ist nicht gleichzeitig jedes ko-konstruktive Handeln Erziehung, denn auch Gleichaltrige konstruieren gemeinsam in sozialen Sinn- und Erschließungsprozessen Wissen und Kompetenzen.

Was bedeutet das aber konkret? Demnach reicht es nicht aus, dass Kinder sich allein aktiv handelnd mit ihrer Umwelt auseinandersetzen und auf diese Weise eigentätig Erfahrungen machen. Damit daraus tragfähiges Wissen wird, müssen sie ihr Handeln und ihre Erfahrungen in soziale Prozesse einbetten können. Erkenntnisse und Einsichten des Kindes über die Wirklichkeit werden dadurch beeinflusst, was Bezugspersonen – erwachsene oder gleichaltrige – über die Welt mitteilen. Gemeinsam wird auf diese Weise Sinn, Verständnis der Welt, Wissen konstruiert.

Beispiel: *Ein Kind hat bei einem Besuch der Feuerwache gelernt, wie die Feuerwehr einen Hausbrand löscht. Davon berichtet es der Erzieherin. Wenn diese nun engagiert und mit Ernst in der Stimme von einem Waldbrand in ihrer Nachbarschaft erzählt, signalisiert dies dem Kind, dass es sich um ein wichtiges und jeden betreffendes Thema handelt. Das Kind begreift, dass Brände verschiedenster Art ausbrechen können und eine ernste Angelegenheit darstellen.*

Diese interaktiven Vermittlungs- und Verständigungsprozesse stellen die soziale Dimension von Bildung dar. Was allerdings die jeweilige Person mit den Mitteilungen und Rückmeldungen der Bezugspersonen macht und welche Ver-

Ein Junge erzählt einer Erzieherin von seinen Erlebnissen bei der Feuerwehr.

änderungen der subjektiven Weltdeutung hierdurch konkret hervorgerufen werden, ist wiederum nicht von außen „machbar", sondern ein subjektiver Prozess im lernenden Kind selbst. Damit ist auch eine prinzipielle Begrenzung jedes erzieherischen Handelns verbunden. Erziehung kann sich Ziele setzen – etwa ein bestimmtes Wissen zu vermitteln oder eine Verhaltensänderung herbeizuführen oder das Schuhe-Zubinden beizubringen. Allerdings kann sie sich nur bemühen, die dafür erforderlichen Bedingungen möglichst günstig zu gestalten, das Kind zum Lernen zu motivieren, eine angenehme Lernatmosphäre zu schaffen usw. Erziehung kann die Zielerreichung nicht „machen". Wenn der Lernende, aus welchen Gründen auch immer, die Anstöße und Bemühungen nicht annehmen will oder kann, wird es nicht zu dem angezielten Lernprozess kommen.

Erziehung als aktive Unterstützung frühkindlicher Bildungsprozesse muss sich an diesem ko-konstruktivistischen Lernverständnis orientieren. Denn Bildung ist ohne soziales Handeln und ohne Interaktionen nicht denkbar.

Erziehung wird als eine auf ein Kind oder mehrere Kinder bezogene soziale Aktivität von Erwachsenen, wie z. B. Erziehern und Erzieherinnen oder Eltern, verstanden. Sie dient der Ermöglichung und Unterstützung von kindlichen Lern- und Bildungsprozessen durch die Gestaltung lernförderlicher Umgebungen und Interaktionen, damit Kinder selbsttätig lernen und sich dadurch in ihrer Persönlichkeit weiterentwickeln können. Damit begreift sie sich in einem ko-konstruktivistischen Sinne als Unterstützung der Selbstbildungsprozesse im Kind.

1.3.2 Vorrang der indirekten vor der direkten Erziehung

In der gegenwärtigen Fachdiskussion unterscheidet man bezogen auf Erziehung im Kindergarten eine direkte und eine indirekte Form (vgl. Liegle, 2009 und 2014). In beiden Fällen geht es darum, dass die Erzieherin oder der Erzieher die Äußerungen, Bedürfnisse und Interessen der Kinder wahr- und aufnimmt und daran anknüpfend Lern- und Bildungsprozesse anstößt, lenkt, unterstützt, fördert oder vertieft.

Bei der direkten Erziehung verfolgt die elementarpädagogische Fachkraft aber gezielt und bewusst eine bestimmte Absicht, bezogen auf den kindlichen Lernprozess. Die Initiative und die Steuerung gehen von ihr aus und das Kind ist sich in aller Regel bewusst, dass eine bestimmte Lernabsicht damit verbunden ist. Direkte Erziehung hat häufig eine sprachliche Form, d. h., sie besteht aus Erklärungen, Vermittlung von Wissensinhalten oder bemüht sich um die Erläuterung einer bestimmten Fertigkeit. Wenn eine Erzieherin z. B. einer Gruppe von Kindern erklärt, dass und wie ein Baum seine Nahrung aus der Erde zieht oder wie sie einen Besen halten müssen, um den Hof zu kehren, dann liegt eine direkte Form von Erziehung vor.

Indirekte Erziehung meint dagegen die Gestaltung der Lernumgebung durch die Erzieherin bzw. den Erzieher, sodass dem Kind oder den Kindern die Absicht des Erziehens nicht deutlich wird bzw. diese zumindest nicht im Vordergrund steht. Damit soll für die Mädchen und Jungen in einer Kindertagesstätte ein Raum für implizites, selbsttätiges und situatives Lernen geschaffen werden, der von den erwachsenen Fachkräften lernförderlich arrangiert wird. Auch hier steht die Absicht der Förderung von Bildungsprozessen im Vordergrund, die aber nicht direkt herbeigeführt werden.

> „Im Falle der *indirekten* Erziehung geschieht die Aufforderung zur Bildung dadurch, dass die Erzieherin Lern- und Spielgelegenheiten schafft; diese liegen im emotionalen Klima der Einrichtung, im Vorbild-Verhalten der Erzieherin, in der Ausstattung der Räume wie z. B. der Einrichtung einer Forschungswerkstatt usw."

(Liegle, 2009, S. 7)

In der konkreten Praxis lassen sich beide Formen von Erziehung sicherlich nicht immer klar voneinander trennen. So gibt es Überschneidungen und Phasen, in denen beides ineinander verwoben ist. Beispielsweise kann es im Rahmen naturwissenschaftlicher Bildung bei der Durchführung eines Experiments mit Wasser darum gehen, sowohl durch Anleitung und gemeinsame Deutung der beobachteten Phänomene zu bestimmten Einsichten zu kommen als auch im Anschluss daran den Kindern die Möglichkeit zu eröffnen, selbst zu experimentieren, sodass ihre eigentätige und vielleicht auch spielerische Auseinandersetzung mit dem Gegenstand im Vordergrund steht. Im ersten Teil läge direkte Erziehung vor, während der zweite Teil eher der indirekten Variante zuzuordnen ist.

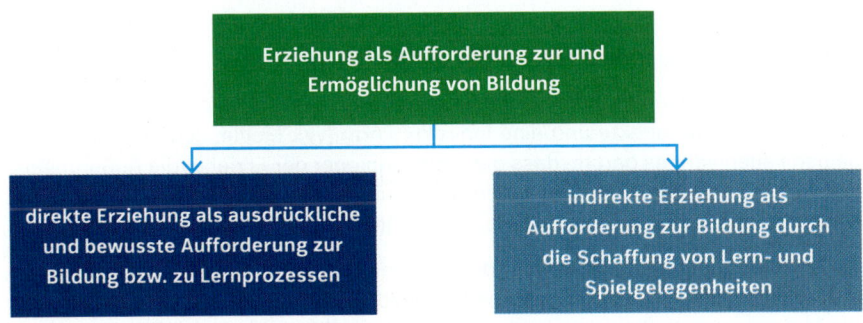

Direkte und indirekte Erziehung

In der modernen Pädagogik findet sich manchmal auch die Unterteilung von Erziehung in Instruktion und Konstruktion. Instruktionen (vom Lateinischen: *instruere* = „vorbereiten, unterweisen, unterrichten, anweisen") sind eher direkte und zielgerichtete Anstöße beispielsweise von pädagogischen Fachkräften in der Kita, um Lernprozesse von Kindern durch diese zu unterstützen. Konstruktion (vom Lateinischen: *con* = „zusammen" und *struere* = „bauen") betont eher den eigentätigen Aufbauprozess des Kindes bei der Aneignung von Wissen und Fertigkeiten und sieht die Aufgabe von Erziehung eher darin, einen lernförderlichen Rahmen oder Spielraum zur Verfügung zu stellen.

*Lernen nach dem Modell der **Instruktion**: Der Erziehende vermittelt gezielt, bewusst und in aller Regel sprachlich Wissensinhalte und Fertigkeiten, wobei er davon ausgeht, dass das Kind diese aufnimmt und zu eigenem Wissen bzw. eigenen Fertigkeiten macht (→ **direkte Erziehung**).*

*Lernen nach dem Modell der **Konstruktion**: Der Erziehende gestaltet eine lernförderliche Umgebung mit dem Ziel, dem Kind ein Lernangebot zu machen, das dieses nutzt, um eigentätig Wissen bzw. Fertigkeiten zu konstruieren und aufzubauen (→ **indirekte Erziehung**).*

Angesichts der entwicklungspsychologischen Erkenntnisse über das Lernen von Mädchen und Jungen im frühen Alter erscheint die indirekte Erziehung nach dem Modell der Konstruktion für die Elementarpädagogik geeigneter. In den ersten Lebensjahren lernen Kinder eher über die situative, zufällige Auseinandersetzung mit der Umwelt, bei der eigentätige Erfahrungen und praktisches Handeln im Vordergrund stehen. Dem kommt die Gestaltung lernförderlicher Umgebungen sehr entgegen.

Wie bereits erwähnt, lassen sich diese beiden Formen in der Praxis allerdings nicht immer eindeutig voneinander trennen. Fachlich ist das auch nicht erforderlich. Auch wenn vor allem indirekte Erziehung das ganzheitliche und situativ-spontane Lernen von Kindern unterstützt, erfüllt die Instruktion bzw. die direkte Erziehung ebenfalls wichtige Funktionen. Diese sollte dann allerdings möglichst dialogisch gestaltet sein.

> „Beide Wege der Erziehung sowie die Überschneidungs- und Verbindungsformen beider Wege sind wichtig, wenn es darum gehen soll, die Bildungsprozesse der Kinder nachhaltig zu unterstützen und herauszufordern."

(Liegle, 2009, S. 7)

Die Projektmethode folgt vor allem dem Konzept der indirekten Erziehung. Denn hier stehen die Orientierung an den kindlichen Interessen und Fragen und das Zur-Verfügung-Stellen eines Raumes des eigentätigen Forschens, Entdeckens und Handelns im Vordergrund. Aber an bestimmten Stellen sind auch Anteile von Instruktion im Projekt erforderlich. So wird kein „Entweder-oder" angestrebt, sondern ein aufeinander abgestimmtes „Sowohl-als-auch". Instruktion und Konstruktion bzw. direkte und indirekte Erziehung müssen sich zu einem insgesamt lernunterstützenden Umfeld für Kinder ergänzen.

Die Projektmethode im Kindergarten entspricht in vielen Merkmalen dem Prinzip der indirekten Erziehung und stellt den Kindern eine bildungsförderliche Lernumgebung zur Verfügung. Gleichzeitig bleiben Anteile direkter Erziehung erforderlich, um Projekte zu guten Lerngelegenheiten zu machen und die Bildungsprozesse der Kinder zu unterstützen.

Im Zusatzmaterial 2 finden Sie ein kleines Glossar zu erziehungswissenschaftlichen Begriffen.

1.3.3 Elementardidaktik und Projektmethode

Damit erzieherisches Handeln elementarpädagogischer Fachkräfte – gleichgültig, ob indirekt oder direkt ausgerichtet – gelingt, sollte es gut vorbereitet und durchdacht sein. Sicherlich wurde zu keiner Zeit planlos im Kindergarten gearbeitet. Aber eine gut begründete Planung pädagogischer Angebote und Aktivitäten ist angesichts des Bildungsauftrags von Kindertagesstätten zunehmend wichtiger geworden.

In der Pädagogik ordnet man das Nachdenken über die Planung und Durchführung von Lehr- und Lernprozessen klassisch dem Bereich der Didaktik zu. Auf den ersten Blick wird Didaktik häufig nur auf schulisches Lernen bezogen, vielleicht noch auf berufliche Bildung, Hochschule und Erwachsenenbildung. Im Kindergarten hingegen erscheinen didaktische Erwägungen bei Lernangeboten angesichts des in erster Linie eigenaktiven, ganzheitlichen und spielerischen Lernens von Kindern in den ersten Lebensjahren eher überflüssig, wenn nicht gar schädlich. Damit unterliegt man aber einem Missverständnis (vgl. Lamp/Küls, 2014). Natürlich geschieht pädagogische Arbeit im Kindergarten nicht unüberlegt und ohne durchdachte Vorbereitung. Pädagogische Fachkräfte machen sich viele Gedanken darüber, wie sie Lern- und Bildungsprozesse von Kindern anregen und unterstützen können, welche Lernumgebung bezüglich der Raumgestaltung sinnvoll erscheint, wie der Stuhl- oder Sitzkreis am besten arrangiert wird, was sie den Kindern dort wie bzw. unter Zuhilfenahme welcher Medien berichten können usw. Damit vollziehen sie aber nichts anderes als didaktische Überlegungen.

Didaktik kann verstanden werden als Theorie und Praxis der Gestaltung von Lernumgebungen und der Optimierung von Lernprozessen. Lernumgebung ist hierbei in einem sehr weiten Sinne zu verstehen und umfasst auch die Inhalte und Themen, mit denen sich Kinder und Fachkräfte befassen, das Verhalten der Erwachsenen z. B. in der Interaktion mit einem Kind oder Methoden des Vorgehens. Dazu gehören beispielsweise Überlegungen zur direkten bzw. indirekten Erziehung.

Theorie meint, dass das pädagogische Handeln auf wissenschaftlichen Erkenntnissen beruht und möglichst objektiv begründet sein soll. Gleichzeitig geht es immer auch um gute Praxis, d. h. um möglichst günstige konkrete Lernbedingungen und förderliche Lernarrangements, was durch viel Erfahrung und einen guten Blick für die Kinder begünstigt wird.

Didaktik ist die Theorie und Praxis der Gestaltung von Lernumgebungen und der Optimierung von Lernprozessen. Die didaktische Theorie und die didaktische Praxis durchdringen sich gegenseitig.

Elementardidaktik bezeichnet das didaktische Nachdenken und Handeln in Kindertagesstätten und damit im Elementarbereich.

Didaktische Strukturelemente der Planung pädagogischer Aktionen

In der Elementardidaktik ist vor allem der Blick auf das Kind wichtig. Didaktische Arbeit im Kindergarten geht von der Situation und den Perspektiven der konkreten Kinder vor Ort aus. Viel mehr noch als in der Schule wird an den Erfahrungen, Interessen, Fragen und Themen der Kinder angeknüpft und darauf bezogen nach sinnvollen Zielen und möglichen Wegen des Lernens geschaut. Begründet ist dies in den entwicklungspsychologischen Erkenntnissen über frühkindliches Lernen (siehe Kapitel 1.2.2 „Wie Kinder im Kindergartenalter lernen", S. 19). Auf dieser Basis beginnt die konkrete didaktische Arbeit der pädagogischen Fachkraft. Dafür benötigt sie fundiertes Wissen, auf welche Weise Kinder lernen und wie man Lernprozesse anregen und begleiten kann – beides ist Gegenstand der Didaktik.

„Der Begriff Didaktik war an die Schulpädagogik gebunden und meinte ursprünglich die Lehre der Theorien und Konzepte des ‚Lehrens' und der Planung von Unterricht. [...] Heute sieht man Lernen als aktive Handlung der Lernenden, und Didaktik ist die Lehre der Gestaltung von Lehr- und Lernprozessen, unabhängig von der Institution, wo gelernt wird: in der Schule, der Jugend- und Erwachsenenbildung und in sozialpädagogischen Einrichtungen. Allerdings setzt die Elementardidaktik eigene Akzente."

(Jaszus u. a., 2014, S. 415)

In der Praxis der Elementardidaktik sind im Rahmen einer begründeten didaktischen Planung und Durchführung eine Reihe wesentlicher Elemente zu berücksichtigten. Hier hat sich ein Modell bewährt, das von Ellermann (2013) in Anlehnung an die lerntheoretische Didaktik entwickelt worden ist. Es verfügt über genügend Offenheit und macht die relevanten Strukturelemente einer didaktischen Analyse und Planung sichtbar (vgl. Ellermann, 2013, S. 51 ff.).

Das Modell soll helfen, relevante Elemente didaktischer Planung und didaktisch begründeten Handelns in den Blick zu nehmen und in ihrer gegenseitigen Bezogenheit zu berücksichtigen. Analytische Überlegungen und Auswahlentscheidungen sind bezogen auf vier Felder zu treffen: Ziele und Intentionen, Inhalte und Themen, Methoden und Vorgehensweisen sowie Medien und Materialien. Diese stehen dabei in einem Wechselwirkungsverhältnis zueinander. Wenn also als Ziel für fünf- und sechsjährige Mädchen und Jungen in einer Kindergartengruppe formuliert wird, dass sie das selbstständige Erforschen eines ihnen unbekannten Gegenstandes bzw. die Fertigkeit, eigene Fragen zu stellen und Antworten darauf zu suchen, als Kompetenzen erwerben sollen, müssen die Inhalte und Themen geeignet sein, dies bei den Kindern anzuregen. So eignen sich hierfür z. B. Themen aus dem Alltag der

Kinder, die sie interessieren und zu Fragen animieren – etwa wie eine Pflanze wächst oder wie aus Mehl ein Brot entsteht. Die Methoden der Lernprozessgestaltung müssen dann eigenaktives Vorgehen, Hypothesenbildung und Ausprobieren von Lösungsideen zulassen. Entsprechend sind Medien und Materialien auszuwählen. Die einzelnen Elemente stellen also kein hierarchisch gegliedertes System dar, sondern sind in ihrer Vernetzung zu bedenken.

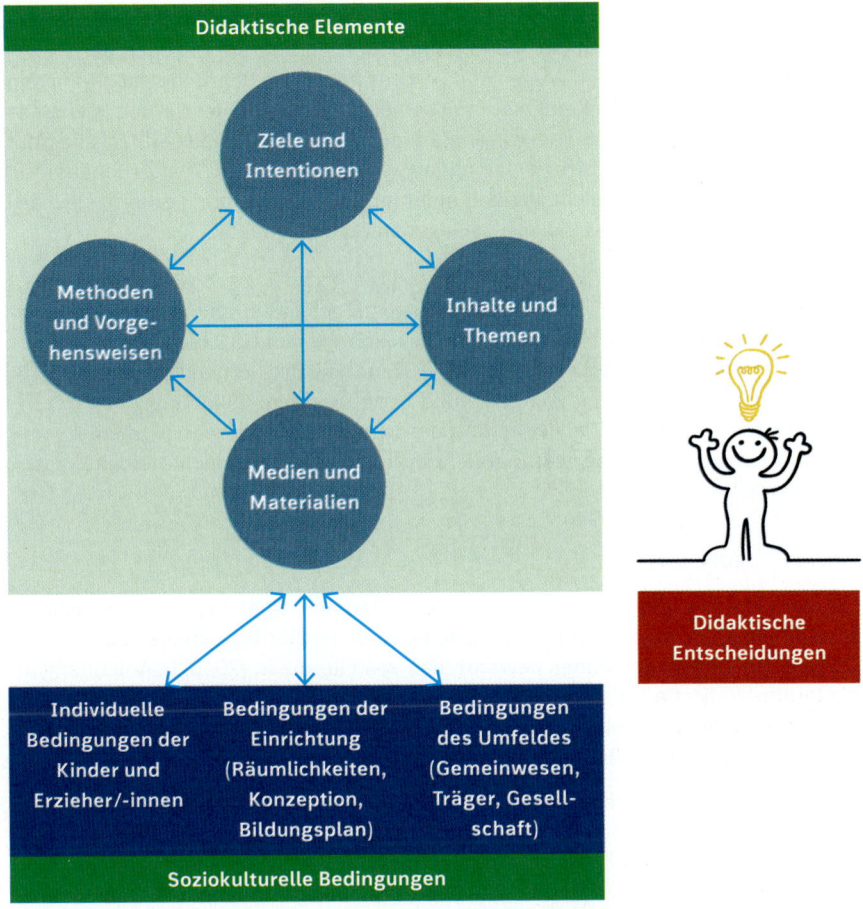

Bedingungen und Entscheidungsfelder des lerntheoretischen Modells

Dabei sind immer auch die individuellen Bedingungen der Kinder und der pädagogischen Fachkräfte zu berücksichtigen, also welche Fragen beschäftigen die Kinder gerade, welche Vorerfahrungen liegen vor, welche Kompetenzen und Erfahrungen bringen auch die Fachkräfte ein bzw. müssen sie sich aneignen. Alle diese Überlegungen stehen zudem im Zusammenhang mit den soziokulturellen Bedingungen,

in denen die Einrichtung, die Kinder und ihre Familien sowie die Fachkräfte einge-
bunden sind.

Das Nachdenken über die genannten didaktischen Strukturelemente soll helfen,
keine wesentlichen Aspekte der Planung und Durchführung eines Projektes aus
dem Blick zu verlieren. Natürlich sind auch hier geeignete Themen und Inhalte – gemeinsam mit den beteiligten Kindern – zu erörtern und festzulegen. Ebenso gilt es,
gemeinsam sinnvolle Methoden und Vorgehensweisen auszuwählen sowie hilfreiche Medien und Materialien zur Verfügung zu stellen. Die Vorüberlegungen der pädagogischen Fachkräfte haben hierbei Vorschlagscharakter und müssen offen bleiben für die Ideen der Kinder.

Methodische Arrangements und didaktische Formen

Eine wesentliche Frage im Rahmen didaktischer Überlegungen ist die nach der Auswahl geeigneter didaktischer Formen oder Methoden, um Mädchen und Jungen in
der Kita in ihren Bildungsprozessen zu helfen. Abhängig von den ausgewählten Themen und Inhalten geht es darum, was die Erzieherin oder der Erzieher tun kann, um
den Lernprozess des Kindes oder der Kinder zu unterstützen. Es ist die Frage nach
dem „Wie", also *wie* soll der Bildungs- bzw. Lernverlauf der Kinder aussehen und *wie*
sollen hierfür günstige Bedingungen gestaltet werden.

Eine erste wichtige Unterscheidung ist die nach der Sozialform. Damit ist gemeint, in
welcher personellen Zusammensetzung Kinder in einem Projekt oder bei einer Aktivität lernen und handeln sollen.

*Die **Sozialform** bezeichnet die soziale Organisation der Lernprozesse und damit die
Möglichkeiten der Interaktion.*

So können Mädchen und Jungen im Kindergarten allein für sich handeln und dabei
lernen, indem sie sich einzeln mit einem Thema oder einem Gegenstand befassen,
z. B. wenn sie Bilder in einem Buch anschauen, um etwas über Schnecken zu erfahren, oder an einem Wasserlauf mit Sand experimentieren, um einen Damm zu
bauen. Beides kann auch zu zweit geschehen, was den Kindern die Möglichkeit zum
Austausch und zur gegenseitigen Anregung eröffnet. Experimente oder Angebote
im Bereich des künstlerischen Gestaltens werden häufig in Kleingruppen durchgeführt und laufen oftmals mit Anleitung oder Begleitung durch eine pädagogische
Fachkraft. Genauso können sich auch mehrere Kinder gemeinsam und intensiv mit
einer Sache befassen. Der Vorteil besteht darin, dass die Kinder miteinander kommunizieren und gemeinsam voneinander lernen können. Daneben lassen sich Bildungsprozesse in der gesamten Kindergartengruppe initiieren, wie dies im Stuhl-
kreis häufig geschieht und Möglichkeiten bietet, Spiele zu spielen, Lieder zu singen,
Geschichten zu hören usw.

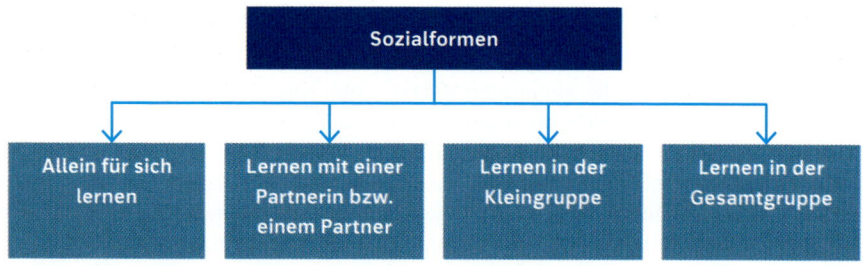

Sozialformen des Lernprozesses (vgl. auch Ellermann, 2016, S. 46 f.)

Weitere Überlegungen zum methodischen Vorgehen lassen sich auf unterschiedlichen Ebenen erörtern. Auf einer allgemeinen Ebene muss eine methodische Grundrichtung oder Grundkonzeption gewählt werden. Folgt man dem Modell der direkten Erziehung, sind eher linear-zielgerichtete Lernarrangements gefragt, d. h., der Lernprozess der Kinder wird bewusst angeleitet und in eine bestimmte Richtung geführt. Das Ergebnis des kindlichen Tuns bzw. das zu vermittelnde Wissen steht vorher weitgehend fest und wird beispielsweise von der Erzieherin oder dem Erzieher durch festgelegte Schritte angesteuert. Damit sind z. B. Vorgehensweisen wie Erklären, Anweisungen geben oder Vortragen gemeint. Diese eignen sich dafür, z. B. bestimmte Verhaltensregeln oder ein bestimmtes Verfahren bei einem Experiment zu vermitteln.

Ein linear-zielgerichtetes oder direktes Vorgehen entspricht allerdings weniger den Bedingungen frühkindlichen Lernens. Den spontanen, ganzheitlichen, selbsttätigen Lern- und Bildungsprozessen von Mädchen und Jungen im Kindergarten kommt eher eine offene methodische Grundkonzeption entgegen, die ihnen Spielräume für eigene Wege, Fragen und Versuche lässt. Diese Art der Konzeption entspricht einer indirekten Erziehung und ist in der Elementardidaktik vorzuziehen. Vor allem die Ideen und Ausdrucksmöglichkeiten der Kinder sollen ja gefördert werden. Die Rolle der Erzieherin bzw. des Erziehers besteht eher darin, Impulse zu geben und vor allem Räume zu eröffnen für deren eigenständiges Denken, Gestalten und Ausprobieren.

Offene methodische Grundkonzeptionen entsprechen dem kindlichen Lernen in den ersten Lebensjahren eher als ein linear-zielgerichtetes Vorgehen.

Auf der methodischen Grundkonzeption aufbauend lassen sich konkrete methodische Arrangements auswählen. Damit kann eine das Nachdenken der Kinder anregende Frage gemeint sein, ein Rollenspiel, eine bestimmte Form des Begrüßungssitzkreises usw. Hier bietet sich eine große Bandbreite von Methoden und methodischen Arrangements, die von eher kleinen und überschaubaren Handlungen einer Erzieherin oder eines Erziehers bis hin zu umfassenden Großformen reichen. An dieser Stelle lassen sich nicht alle in ihrem Umfang und in ihrer Ausrichtung sehr vielfältigen Lernarrangements weiter darstellen. Daher sollen nur einige typische Methoden aufgeführt werden.

In der Kindergartenpädagogik haben sich in vielen Jahren vielfältige didaktische Formen bzw. methodische Wege entwickelt, die sich bewährt haben und das Lernen der Mädchen und Jungen im Elementarbereich unterstützen. Diese didaktischen Formen stellen bewusst gestaltete Lernsituationen oder Lernarrangements dar.

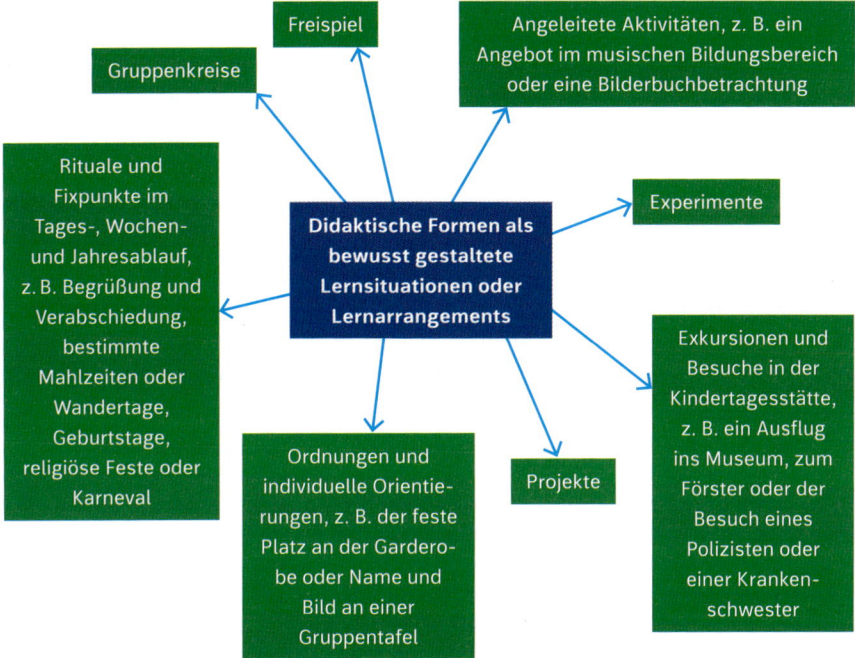

Didaktische Formen (vgl. Neuß/Westerholt, 2010, S. 203–207)

Die Projektmethode in der Elementardidaktik

Die Projektmethode stellt nur eine unter vielen didaktischen Formen in der Elementarpädagogik dar. Sie hat sich allerdings in den Kindertagesstätten fest etabliert und wird zunehmend als ein besonders geeigneter Weg gesehen, Bildungsprozesse von Jungen und Mädchen im Kindergartenalter zu unterstützen. Grund dafür ist, dass sie den Bedingungen kindlichen Lernens in besonderer Weise entgegenkommt, Raum für unterschiedliche Sozialformen lässt, einer offenen Gesamtkonzeption entspricht und sich für eine kindzentrierte und indirekte Form der Erziehung als Bildungsförderung eignet. Die Projektmethode ist daher eine ideale Lerngelegenheit für Kinder im Kindergartenalter. Aber sie ist natürlich nicht für alle Situationen und Themen geeignet und sollte auch nicht mit anderen didaktischen Formen verwechselt oder vermischt werden.

„Der Begriff ‚Projekt' wird im sozialpädagogischen Bereich sehr häufig benutzt, da eine Aktion dadurch vermeintlich an Renommee gewinnt. Durch den inflationären Gebrauch verwischen jedoch die Grenzen zu anderen Vorhaben. Von einem echten Projekt kann man nur sprechen, wenn auch wesentliche Merkmale der Projektmethode erfüllt werden.

Bei einem Projekt entstammen die Inhalte oder Lerngebiete in der Regel dem *Erfahrungsbereich der Projektteilnehmer.* [...]

Wesentliches Merkmal ist die *Offenheit der Ausgangssituation,* das heißt, die Lernenden entwickeln ihre Lernsituation selbst, indem ihnen die Möglichkeiten gegeben wird, selbstständig zu entscheiden, zu planen und zu handeln. [...] Bei längeren Projekten werden regelmäßig *Reflexionsphasen* eingebaut.

Erst wenn Kinder sich über einen längeren Zeitraum intensiv mit einem Thema beschäftigen und erst wenn der Beteiligungsgrad der Kinder so hoch ist, dass sie Verlauf und Ergebnis tatsächlich bestimmen, kann man von einem gelungenen ‚Projekt' sprechen."

(Ellermann, 2013, S. 119 f.)

Dieses methodische Arrangement und Vorgehen muss zur konzeptionellen Ausrichtung der Kindertagesstätte passen und setzt auch bei den Kindern (sowie Eltern und pädagogischen Fachkräften) die Bereitschaft und Fähigkeit zu offenen Lernprozessen voraus. Die Form eignet sich vor allem für Themen und Inhalte aus der Umwelt bzw. den Lebenssituationen von Mädchen und Jungen im jungen Alter. Außerdem passt die Projektmethode zu den Bildungsinhalten der in den letzten Jahren entstandenen Bildungspläne für den Elementarbereich (siehe Kapitel 1.4.3 „Bildungspläne und die Projektmethode", S. 58).

Welche pädagogischen Ziele und Absichten im Einzelnen verfolgt werden, hängt natürlich von dem jeweiligen Projekt ab. Diese didaktische Form eignet sich aber insbesondere, um

- soziale Kompetenzen der Kooperation, der Interessenvertretung und Konfliktlösung, der Partizipation bzw. Mitbestimmung,

- Lern- und Methodenkompetenzen eigentätigen und forschenden Lernens sowie

- kognitive Kompetenzen

zu erwerben.

Projekte im Kindergarten stellen eine didaktische Form und damit eine bewusst gestaltete Lernsituation für Kinder dar, die den Bedingungen frühkindlichen Lernens entgegenkommt. Sie sind gekennzeichnet durch eine offene Gesamtkonzeption des Lernens sowie der Möglichkeit zu einer interessengeleiteten, eigentätigen und forschenden

Auseinandersetzung mit einem Thema aus der Lebenswelt der beteiligten Mädchen und Jungen. Die Bildungsprozesse der Kinder werden dabei durch lernförderliche Interaktionen mit den frühpädagogischen Fachkräften begleitet und unterstützt.

Angaben zum elementardidaktischen Profil der Projektmethode finden Sie auf Seite 48 f. sowie im Zusatzmaterial 3.

1.3.4 Lernkompetenz erwerben durch Metakognition

Schon mehrfach wurde betont, dass die Projektmethode vor allem das eigentätige Forschen und Entdecken von Kindern unterstützt. Damit steht das Lernen durch selbst gemachte Erfahrungen im Vordergrund. In der fachwissenschaftlichen Diskussion hat sich allerdings gezeigt, dass es nicht ausreicht, wenn Mädchen und Jungen sich allein erfahrungsgeleitet und eigenaktiv mit bestimmten Themen und Inhalten befassen. Vor allem die schwedische Frühpädagogin Ingrid Pramling-Samuelsson hat in verschiedenen Untersuchungen auf das fehlende Bewusstsein für die spezifischen Lernprozesse im Kindergarten hingewiesen. Die übliche Kindergartenarbeit in Schweden ist ähnlich wie in Deutschland organisiert und geschieht vielfach in Form von thematischen Projekten. Diese setzen sich in der Regel aus verschiedenen Aktivitäten zusammen. Dabei zeigt sich häufig, dass die Kinder nicht verstehen, dass diese Aktivitäten zum selben Projekt gehören. Voraussetzung dafür ist nach Pramling-Samuelsson,

„dass die Erzieherin die Lernstruktur für die Kinder erkennbar macht. Tut sie dies nicht, bleiben die Teile für die Kinder unverbunden und ergeben wenig Sinn. Ein weiteres Problem besteht darin, dass Kinder ihre Lernprozesse im Kindergarten nur schwer mit der Welt außerhalb in Verbindung bringen und somit nicht an ihre Vorwissensbasis anknüpfen können. So hat das Gelernte für sie keinen verallgemeinerbaren Sinn und bleibt in seiner Funktion als Lerngegenstand auf den Kindergarten begrenzt. Zu einem solchen fehlenden Transfer des Gelernten – man spricht auch von ‚trägem Wissen‘ – kommt es immer dann, wenn die Kinder keine Bezüge zwischen der Situation des Lernens (Kindergarten) und anderen Situationen, in denen das Wissen abgerufen oder angewandt werden soll, herstellen können."

(Bundesministerium für Bildung und Forschung, 2007, S. 81; vgl. auch Pramling Samuelsson/ Carlsson, 2007)

Daher erscheint es für die frühkindliche Bildung wichtig, den Erwerb lernmethodischer Kompetenzen mit in den Blick zu nehmen. Wenn Kinder durch eigene Erfahrungen lernen, Probleme in der Alltagswelt zu lösen, dann gewinnen sie nicht nur Erkenntnisse über die Welt, sondern auch darüber, *wie* sie zu diesen Erkenntnissen gelangt sind. Das fällt Mädchen und Jungen im Kindergartenalter noch schwer.

Aber auch in diesem Alter ist der Erwerb lernmethodischer Kompetenzen schon möglich und sinnvoll, wie Studien im Elementarbereich vor allem in Schweden gezeigt haben. Dazu gilt es, den Lernprozess bzw. die angewendete Problemlösungsstrategie selbst mit dem Kind noch einmal zu reflektieren und zum Gegenstand des Nachdenkens zu machen. Dies geschieht durch ein sensibles und kindzentriertes Bewusstmachen der vom Kind selbst gewählten Lösungsstrategien und Vorgehensweisen durch die erwachsene Bezugsperson, etwa der Erzieherin bzw. des Erziehers.

Wenn z. B. ein Projekt zum Thema „Eis und Schnee" durchgeführt wird, weil die Kinder gerade an diesen Fragen interessiert sind, dann werden natürlich auf einer inhaltlichen Ebene eine Reihe von Aktivitäten und Angeboten dazu geplant und durchgeführt. So können Bilder über Schnee- und Eislandschaften gemalt oder verschiedene Schnee- und Eisarten im Außengelände oder auf Exkursionen untersucht werden. Außerdem können die Eltern und Großeltern zum Wetter „früher" befragt werden und es wird vielleicht der Frage nachgegangen: „Warum friert der Teich zu, die Nordsee aber nicht?" Dies lässt sich beispielsweise durch kleinere Experimente zum Thema (Wasser mit und ohne Salz wird im Kühlschrank eingefroren) klären.

Neben der inhaltlichen Auseinandersetzung, die für die Kinder Weltaneignung bedeutet, kann darüber reflektiert werden, welche allgemeinen Muster und Strukturen erkennbar werden: Zum Beispiel ist dasselbe Material in unterschiedlicher Form da – als Flüssigkeit und als fester Gegenstand. Das sieht man im Winter bei Pfützen oder kleinen Teichen, im Sommer bei Eis oder Eiswürfeln, die schmelzen.

Darüber hinaus erörtern die pädagogischen Fachkräfte mit den Kindern, wie und warum sie diese einzelnen Aktivitäten durchgeführt haben, was sie dabei gedacht haben und ob es weitere Möglichkeiten gibt, etwas zum Thema zu erfahren und darüber zu lernen. Damit wird die Aufmerksamkeit der Kinder auf ihr eigenes Lernen und Handeln gelenkt und ihnen bewusst gemacht, auf welchen Wegen sie zu ihren Erkenntnissen und ihrem Wissen gekommen sind. Das kann im Alltag nicht immer in Einzelgesprächen bewältigt werden, lässt sich aber auch gut mit einer Kleingruppe von Kindern erörtern.

Ziel ist es, den Mädchen und Jungen zu helfen, die eigene Auseinandersetzung mit den Gegenständen und Aspekten der Welt besser zu steuern und zu regulieren. Wenn sich eine Lern- oder Lösungsstrategie einmal bewährt hat und dies bewusst reflektiert wurde, dann kann sie auch auf andere Bereiche übertragen werden (vgl. Fthenakis u. a., 2009a, S. 163). So kann die Idee, die Frage nach den verschiedenen Bedingungen für das Gefrieren von Wasser mit und ohne Salz mithilfe von Experimenten zu klären, auch auf andere Fragestellungen übertragen werden. Sicherlich muss dieses Nachdenken über das eigene Lernen und Denken, man spricht hier von Metakognition, sehr behutsam und kindgerecht geschehen, aber es erweist sich bereits bei Kindergartenkindern als möglich und lernförderlich.

Metakognition meint das Nachdenken über das eigene Denken und Lernen. Damit sind auch Aspekte wie „Wissen" und „Kontrolle" über die eigenen kognitiven Vorgänge eingeschlossen.

Diese Begleitung des eigentätigen und forschenden Erfahrungslernens der Kinder durch eine behutsame Reflexion ihrer Erfahrungen erscheint wichtig, wenn Projekte zu Bildungssituationen werden und kindliche Lern- und Entwicklungsprozesse nachhaltig unterstützen sollen. Zudem entspricht es dem Verständnis eines ko-konstruktiven Wissens- und Kompetenzerwerbs.

Projekte bieten gute Möglichkeiten zur Unterstützung der Lernkompetenz der Kinder. Dazu begleiten die Erzieherinnen und Erzieher deren Handeln durch metakognitiv ausgerichtete Gespräche. Auf diese Weise werden die am Projekt beteiligten Mädchen und Jungen darin unterstützt, ihr erworbenes Wissen auf andere Zusammenhänge zu übertragen und ihre Lösungs- und Forschungsstrategien auf weitere Fragestellungen anzuwenden. Dazu sind immer wieder Phasen des Dialogs bzw. der Kommunikation zwischen erwachsener Fachkraft und den Kindern in den Projektverlauf einzubauen. Auf diese Weise werden ko-konstruktive Bildungsprozesse effektiv unterstützt.

1.3.5 Die Bedeutung gelingender Interaktion für Bildungsprozesse

Die Überlegungen zur Bedeutung der Metakognition für Bildungs- und Lernprozesse von Kindern im frühen Alter verweisen auf die Bedeutung von Interaktionen in der Frühpädagogik. Das wird durch viele internationale Untersuchungen zur Frühpädagogik bestätigt, die belegen, dass vor allem eine bewusst gestaltete Interaktion von Kindern miteinander sowie zwischen elementarpädagogischen Fachkräften und einem Kind oder mehreren Kindern deren Lern- und Entwicklungsprozesse optimal unterstützen (vgl. König, 2007, 2010a und 2010b; Wertfein, Wirts u. Wildgruber, 2015).

Interaktion meint einen Prozess des Handelns zwischen Individuen, das wechselseitig aufeinander bezogen ist. Sie stellt damit einen Dialog dar, der in erster Linie einen gemeinsamen Aushandlungsprozess bildet, in dem sich beide oder mehrere Seiten mit ihren jeweiligen Voraussetzungen (Erfahrungen, Kompetenzen, Persönlichkeitsmerkmalen usw.) einbringen und daraus verändert wieder hervorgehen.

Vor diesem Hintergrund ist es für die pädagogische Arbeit in Projekten unbedingt erforderlich, dass sich die elementarpädagogischen Fachkräfte mit ihrem eigenen Kommunikations- und Interaktionsverhalten auseinandersetzen und sich darum bemühen, dieses im Umgang mit Mädchen und Jungen in der Kita professionell zu gestalten und zu verbessern. Wie das aussehen kann, zeigen Forschungsergebnisse, die sich mit der Arbeit in Kindertagesstätten befasst haben. Auf dieser Grundlage erläutert Anke König fünf Qualitätsmerkmale für gute Interaktionsprozesse zwischen pädagogischer Fachkraft und Kind (vgl. König, 2010, S. 26 ff.):

- eine gute sozial-emotionale Beziehung als Grundlage

- Involvement (inneres Engagement und Ich-Beteiligung) der pädagogischen Fachkraft

- differenzierte Interaktion als Problemlösungsprozess (inklusive Perspektivenwechsel)
- offene Fragen und Aufforderungen
- gemeinsame Aushandlungsprozesse

Da es sich hier um ein Schlüsselthema guter pädagogischer Arbeit mit Kindern im Kindergarten handelt, sollen die einzelnen Qualitätskriterien gelingender Interaktion genauer erläutert werden. Projekte als pädagogische Lernsituationen unterstützen kindliche Bildungs- und Entwicklungsprozesse nur, wenn die hierdurch eröffneten Möglichkeiten zu einer bewussten und kindorientierten Interaktion genutzt werden.

Kindgerechten Interaktionen kommt in der Elementarpädagogik eine ebenso wichtige Bedeutung zu wie dem eigentätigen und forschenden Lernen.

Eine gute sozial-emotionale Beziehung als Grundlage

Sowohl die Fachdiskussion als auch die Praxis sind sich einig, dass die pädagogische Arbeit mit jüngeren Kindern nur gelingen kann, wenn die Beziehung zwischen Erzieherin bzw. Erzieher und Kind vertrauensvoll und einfühlsam gestaltet wird und eine sichere Bindung vorliegt (vgl. Drieschner, 2011). Hier ist vor allem die oder der Erwachsene gefordert. Wenn das Kind sich verstanden und wahrgenommen fühlt, wird es sich auch auf weitergehende Interaktionsprozesse einlassen. Solche positiven sozial-emotionalen Erfahrungen bilden dann die Grundlage für ein gegenseitiges Verstehen und damit auch für darauf aufbauende komplexe Kommunikationsverläufe.

Dabei spielt die Einfühlung bzw. Empathie der Fachkraft in die momentanen emotionalen Empfindungen und Bedürfnisse des Kindes eine wesentliche Rolle. Wenn ein 3½-Jähriger neu in die Einrichtung kommt und sich verunsichert in eine Ecke des ansonsten turbulenten und lauten Gruppenraumes zurückzieht, ist ein empathisches Erfassen seines inneren Erlebens wichtig. Dazu ist es notwendig, sich ihm behutsam anzunähern, vielleicht mit ihm eine ruhige Stelle aufzusuchen und vermittelt über ein gemeinsames Handeln wie etwa das Decken des Frühstückstisches eine vertrauensvolle Basis für weitere Interaktionsprozesse zu schaffen.

Es kann auch erforderlich sein, einem Kind Raum zu geben, sich seinem Tempo anzugleichen und sein eigenes Handeln sensibel darauf abzustellen. Viel läuft hierbei über Blickkontakt, Mimik und Gestik.

Involvement der pädagogischen Fachkraft

Wenn die emotionale Beziehung stimmt, können weitere Interaktionsprozesse darauf aufbauen. Ob diese gelingen, hängt unter anderem davon ab, wie engagiert und intensiv sich zum Beispiel eine Erzieherin bzw. ein Erzieher auf die Kommunikation und das wechselseitig bedingte Handeln mit den Kindern einlässt. Man spricht hierbei vom „Involvement" und meint damit das innere Engagement und die Ich-Beteiligung der erwachsenen Bezugspersonen.

„Das Involvement bietet die Möglichkeit, mit Kindern in Aushandlungsprozesse zu treten und sensible Impulse für eine Weiterentwicklung des Spiels zu setzen, ohne dass die Situation von den Erzieher/-innen dominiert wird."

(König, 2010b, S. 28)

So kann es z. B. wichtig sein, dass sich eine Fachkraft in das Löwe-Spiel zweier Kinder engagiert hineinbegibt und selbst als Löwe – vielleicht sogar auf allen Vieren – brüllt. Zum einen kann sie dann behutsam Impulse setzen und die Kinder beim Thema halten: „Ich habe Hunger – brüll – und suche mir jetzt etwas zum Fressen. Was fressen wir eigentlich?" Mit dieser Frage motiviert sie die Kinder, ihr Spiel in Richtung Nahrungssuche von Raubkatzen weiterzuentwickeln. Sie kann sich dabei auch einbringen, um in einem Konflikt zwischen den Kindern hilfreich zu vermitteln, indem sie z. B. auf die unterschiedlichen Perspektiven der Kinder hinweist: „Jetzt sag noch mal, was stört dich, wenn Sven als Löwe in die Höhle möchte?" … „Hm. Und was könnte Sven doof finden? Sven, sag Tim, was du möchtest."

Interaktion als differenzierter Problemlösungsprozess

Wenn eine Fachkraft involviert handelt, kann es leichter gelingen, auch die Interaktionsprozesse der Kinder untereinander anzuregen und zu fördern. Differenzierte und damit lernförderliche Interaktionsmuster wie selbstständige Aushandlungsprozesse der Kinder über die Rollenverteilung in einem Spiel, die gemeinsame Nutzung von Spielzeug oder Konfliktlösungsprozesse lassen sich so besser unterstützten. Diese Unterstützung kann den vorzeitigen Abbruch eines Dialogs zwischen Kindern verhindern und begünstigt gelingende Kommunikation. Auf diese Weise werden sprachliche, kognitive und soziale Kompetenzen gestärkt.

Dazu kann z. B. in einem Streit zwischen Kindern von der erwachsenen Bezugsperson ein Skript (Vorgehensmuster) oder ein Rahmen zur Verfügung gestellt werden, um eine Konfliktsituation im Gespräch zu lösen. Wenn zwei Kinder beispielsweise die gleiche Lupe benutzen wollen, um ein Insekt zu beobachten, und keine weitere zur Verfügung steht, können sie darüber in eine heftige Auseinandersetzung geraten. Hier kann eine Erzieherin oder ein Erzieher unterstützen, indem sie bzw. er beide Kinder auffordert, ihre Wünsche zu äußern, den Interessenkonflikt benennt und fragt, welche Lösungsvorschläge beide Kinder haben. Im besten Fall einigen sich die Kontrahenten dann, sich mit der Lupe abzuwechseln. Die elementarpädagogische Fachkraft hilft, indem sie die Kinder unterstützt, miteinander in Kontakt zu kommen, sich gegenseitig zu sagen, was man möchte oder nicht möchte, und gemeinsam einen Kompromiss zu suchen. Dies muss natürlich kindgerecht versprachlicht werden (vgl. König, 2010, S. 29 f.).

Offene Fragen und Aufforderungen

Eine gelungene Interaktion wird ebenfalls durch „offene" Fragen und Aufforderungen unterstützt, die Kinder darin bestärken, einen Impuls zur weiteren Kommunikation und Auseinandersetzung mit einem Thema aufzunehmen und darauf zu reagieren.

„Mit dem Stellen von ‚offenen Fragen' gelingt es, die Kinder zu ermuntern, ihre Gedanken zu äußern. Sie werden dazu angeregt, ihre Gedanken zu formulieren; die Erzieher/-innen haben die Möglichkeit, diese Gedanken aufzugreifen:

- Erzieherin: ‚Erzähl mal, was du hier alles gemalt hast?' (→ Aufforderung, offene Frage – viele Antwortalternativen)

- Erzieherin: ‚O ja – am Wochenende war am Bodensee auch extrem starker Wind. Zum Segeln ist das prima, und die Segelschiffe, was machen die denn jetzt bei dem Sturm?' (→ Aufforderung, offene Frage – viele Antwortalternativen)"

(König, 2010b, S. 31)

Gemeinsame Aushandlungsprozesse

Ein Interaktionsformat, das sich in besonderer Weise eignet, um die ko-konstruktiv ausgerichtete pädagogische Arbeit von pädagogischen Fachkräften in der Kita zu unterstützen und die Lern- und Bildungsprozesse von Kindern zu fördern, sind gemeinsame Aushandlungsprozesse. Dabei geht es darum, dass die Fachkraft in einen gleichberechtigten Gedankenaustausch mit einem Kind oder mit einigen wenigen Kindern eintritt und gemeinsam mit ihm bzw. mit ihnen z. B. an einer Problemlösung arbeitet oder Regeln für ein Vorgehen aushandelt, einen Konflikt löst oder sich Geschichten ausdenkt. Wichtig hierbei ist ein hohes Involvement der Interaktionspartner, da auf diese Weise sensibel und mit hoher Bereitschaft auf neue Impulse eingegangen und reagiert werden kann.

Im Dialog einer Erzieherin bzw. eines Erziehers mit einem oder mehreren Kindern muss Raum sein für Äußerungen aller Beteiligten. Es geht dann darum, gemeinsam Überlegungen auszutauschen und auf diese Weise in einen „dialogisch-entwickelnden Denkprozess" (König, 2010b, S. 32) einzutreten.

Das Interaktionsmuster der Aushandlungsprozesse beinhaltet die bereits erläuterten Qualitätskriterien guter Interaktion: die vertrauensvolle Beziehung als Grundlage der Interaktion, das Involvement der erwachsenen Bezugsperson, die Interaktion als differenzierter Problemlösungsprozess sowie offene Fragen und Aufforderungen als Anregung zur Fortsetzung der Kommunikation.

Anke König verdeutlicht das Vorgehen gemeinsamer Aushandlungsprozesse anhand einiger Beispiele. Exemplarisch sei hier eines dargestellt:

„Die Erzieherin und einige Kinder sind dabei, Samen einzusäen. Davor haben sie besprochen, wie sie das am besten machen, damit die Samen gute Bedingungen haben, um zu wachsen. Die Erzieherin hat erklärt, dass die Samen viel Nahrung brauchen und diese aus der Erde ziehen, d. h. dass darauf geachtet werden muss, dass die Samen ringsum mit der Erde in Kontakt kommen.

Jan betritt den Kindergartenraum und kommt, als er seine Tasche aufhängen will, an dem Tisch vorbei, an dem die Kinder die Töpfchen mit Erde füllen.

Jan schaut erst eine Weile, dann sagt er: ‚Macht ihr erst die Erde rein?'

Erzieherin: ‚Was meinst du, wie es geht?' (wartet ab)

Jan schweigt.

Erzieherin: ‚Hättest du zuerst die Samen in die Töpfchen gelegt?'

Jan nickt.

Erzieherin (zu den anderen Kindern): ‚Der Jan meint, wir hätten erst die Samen in die Töpfchen legen sollen. Findet ihr das auch?'

Jan: ‚Jetzt hat der Samen keinen Platz mehr.'

Erzieherin: ‚Meint ihr das auch?'

Paul: ‚Nee.'

Erzieherin: ‚Nee – der Paul meint das anders. Sagst du, wie du es meinst?'

Paul: ‚Wir machen jetzt kleine Löchlein in die Erde.'

Erzieherin: ‚Genau. Wir machen kleine Löcher, das kann man geschickt mit dem Finger machen, und dann hat der Samen ringsum Erde – unten und oben – dann kann der Samen die Kraft aus der Erde holen.'"

(König, 2010b, S. 56)

An dieser Sequenz wird deutlich, wie behutsam und mit wie viel innerem Engagement die Erzieherin die Kinder mit in den gemeinsamen Denkprozess hineinholt. Die Äußerungen der Kinder werden aufgenommen bzw. überhaupt erst einmal aufgegriffen und formuliert. Offene Fragen führen den Dialog dann weiter und gemeinsam geschieht eine Verständigung über das Vorgehen als Aushandlungsprozess. Dies erfordert Geduld und Sensibilität. Sicherlich wäre die Erzieherin schneller zum Ziel gekommen, wenn sie Jan das schon erläuterte Vorgehen noch einmal beschrieben hätte. Allerdings ist fraglich, ob er dann mit soviel Aufmerksamkeit und Mitdenken dabei gewesen wäre. Der dargestellte Interaktionsprozess hat das Lernen von Jan sicherlich wirksamer unterstützt.

Lernen und Bildung in der Frühpädagogik profitieren erheblich von gelingender und lernunterstützender Interaktion vor allem zwischen dem Kind und seinen erwachsenen Bezugspersonen in der Kindertagesstätte, den frühpädagogischen Fachkräften. Ebenso wichtig ist das interaktive Handeln zwischen den Kindern, das von den Fachkräften unterstützt werden kann und teilweise auch muss. Hierzu liegt eine Reihe von wissenschaftlich fundierten Qualitätsmerkmalen vor, die von den Fachkräften in ihrem ko-konstruktiven Interaktions- und Kommunikationsverhalten mit den Mädchen und Jungen ihrer Kindertagesstätte zu berücksichtigen sind. Es gehört mit zu ihrer Professionalität, dass sie sich die entsprechenden Kompetenzen aneignen und ihren eigenen Interaktionsstil im Team reflektieren bzw. weiterentwickeln.

Im Zusatzmaterial 4 finden Sie eine Checkliste zu den Kriterien gelingender Interaktion. Das Zusatzmaterial 5 enthält Beispiele für offene Fragen in der Interaktion mit Kindern.

1.3.6 Bildung und Partizipation

Eng mit der Projektmethode bzw. mit der Durchführung von Projekten ist der Gedanke der Partizipation verbunden. Begründet ist dies in dem dahinterstehenden Bildungsbegriff, der Bildung als innerpsychischen Prozess der *eigenaktiven* Auseinandersetzung mit sich, den Mitmenschen und der Welt begreift. Daraus ergibt sich die pädagogische Forderung, Kindern die Möglichkeit zu eröffnen, *eigenaktiv* die Themen und Inhalte auszuwählen, die sie selbst interessieren und beschäftigen, und sich mit diesen zu befassen. So können sie selbstbestimmt ihre Lern- und Bildungsprozesse im Kindergarten mitgestalten. Damit werden Mitwirkung und Partizipation zu einem zentralen Moment der Projektmethode (siehe Kapitel 1.1.1, S. 7). Partizipation ist aber ein viel umfassenderes Konzept, das über Teilhabe und Mitwirkung bei Bildungsangeboten hinausgeht. Nach Ellermann u.a. bedeutet Partizipation in Kindertagesstätten

> „... die Einbindung der Kinder bei allen das Zusammenleben betreffenden Ereignissen und Entscheidungsprozessen. In der Kita als „Kinderstube der Demokratie" erfahren die Kinder, dass jeder Einzelne als Person wichtig ist, dass man ihnen zuhört, dass ihre Meinung gefragt ist und dass ihnen Verantwortlichkeit für sich selbst und für andere zugetraut und zugemutet wird."

(Ellermann, 2013, S. 54)

Ellermann bezieht sich damit auf nahezu alle Bereiche in einer Kindertagestätte. Dort können Mädchen und Jungen an allen relevanten Erörterungen und Auswahlprozessen beteiligt werden. Und das heißt in aller Regel, sie zu befragen und mitentscheiden zu lassen. Was für den Bereich des Spielens, Bastelns und Bauens der

Kinder noch selbstverständlich scheint und von keinem Erwachsenen ernsthaft bestritten wird, sieht schon ganz anders aus, wenn es um die Essensauswahl geht oder um das Ziel des nächsten Ausflugs, um Regeln zur Nutzung des Bewegungsraumes oder um Anschaffungen an Spielgerät und so weiter. Partizipation und demokratische Mitbestimmung in der Kita sind dann mitunter nicht mehr selbstverständlich. Woran liegt das?

Der polnische Arzt und Pädagoge Janusz Korczak sagt:

> „Ein Kind ist klein, sein Gewicht ist gering, es ist nicht viel von ihm zu sehen ... Und was noch schlimmer ist, das Kind ist schwach. Wir können es hochheben, in die Luft werfen, es gegen seinen Willen irgendwohin setzen, wir können es mit Gewalt im Lauf aufhalten – wir können all sein Bemühen vereiteln."

(Korczak, 2015, S. 7)

Darin liegt eine Asymmetrie, die eben häufig dazu führt, dass erwachsene Bezugspersonen sich gegenüber der Mitbestimmung von Kindern eher reserviert verhalten. Pädagogische Beziehungen zwischen Mädchen und Jungen einerseits und Erwachsenen andererseits sind von Machtverhältnissen geprägt. Fachkräfte verfügen über vielfältige und selbstverständlich wirkende Möglichkeiten, ihre Interessen, Wünsche und Ideen gegenüber den Kindern durchzusetzen. An sich stellt das kein Problem dar, aber es kann dazu verführen, um der Schnelligkeit oder Effektivität des Handelns willen, die Entscheidungen und das Vorgehen als Erwachsener selbst vorzugeben. Das widerspricht allerdings dem Gedanken der Erziehung zu Eigenverantwortung und Selbstständigkeit. An dieser Stelle ist Reflexivität und auch Frustrationstoleranz erforderlich, damit diese Tendenzen die Möglichkeiten der Mitbestimmung von Mädchen und Jungen im Kindergarten nicht über Gebühr beschneiden (vgl. Knauer, 2013, S. 6).

Mehrheitsfindung: Kinder stimmen im Bewegungsraum über das nächste Spiel ab.

Die bisherigen Bemerkungen verweisen im Prinzip auf zwei Begründungszusammenhänge, die Partizipation zu einem zentralen Qualitätsmerkmal guter Pädagogik in Kitas machen (vgl. Knauer/Bartosch, 2016, S. 15). Beide hängen miteinander zusammen und verweisen aufeinander.

Zum einen geht es darum, von Beginn an in pädagogischen Einrichtungen Demokratie einzuüben. Demokratie bedeutet im politischen Bereich, dass die Bürgerinnen und Bürger der Souverän sind und damit die Staatsgewalt vom Volk ausgeht, also jede staatliche Machtausübung durch das Volk legitimiert sein muss. Dies wird über Prinzipien wie Gewaltenteilung, freie und gleiche Wahlen, ein Repräsentativsystem (gewählte Abgeordnete repräsentieren die Bürger) und das Mehrheitsprinzip sowie die unhintergehbare Werteordnung der Menschenrechte und der Grundrechte des Grundgesetzes gewährleistet.

Diese allgemeinen Prinzipien und die dahinterstehende Werteordnung unserer Demokratie sind aber nicht einfach gegeben und werden auch nicht selbstverständlich gelebt. Sie müssen von früh an erfahren und eingeübt werden. Demokratie bzw. demokratisches Zusammenleben muss gelernt werden. Dabei reicht es nicht aus, nur die Prinzipien der Demokratie zu erläutern und daran zu appellieren, dass sie eingehalten werden. Schon von klein auf können Kinder an sie herangeführt werden. So kann man Mädchen und Jungen schon in jungen Jahren vermitteln und sie erleben lassen,

- dass Menschen unterschiedliche Meinungen, Interessen und Wünsche haben,

- dass diese erst einmal gelten und ausgesprochen werden dürfen,

- dass man für das gemeinsame Leben, Arbeiten und Spielen im Konfliktfall aber zu Lösungen und Entscheidungen kommen muss,

- dass diese aber nicht mit Gewalt oder dem Recht des Stärkeren durchgedrückt werden dürfen, sondern durch (manchmal mühevolle) Argumentation und letztlich manchmal durch Mehrheitsentscheidung,

- dass dies dazu führt, dass sich eine Minderheit fügen muss, diese aber auch nicht ausgeschlossen werden darf,

- dass alle Beteiligten dafür Verantwortung tragen und Mehrheitsentscheidungen auch durchgetragen werden müssen, wenn man keine Lust mehr dazu hat,

- dass jede und jeder Einzelne etwas bewirken kann,

- dass es unveränderbare Grundrechte gibt (z. B. keiner darf beschimpft werden und keiner darf gegen seinen Willen zu etwas gezwungen werden – außer in Gefahr)

- etc.

Dies alles erfahren Kinder im Rahmen von Partizipation schon in der Kita und üben dies ein, um auf diese Weise „Demokratie zu erleben und zu lernen", denn Demokratie lernt man beim Tun (vgl. Schubert-Suffrian/Regner, 2015, S. 9 f.).

Aussagen zur Partizipation im Rahmen des Erlernens demokratischen Zusammenlebens finden sich, wenn auch unterschiedlich ausgeprägt, in nahezu allen Bildungsplänen der Länder für den Elementarbereich. Die Bandbreite geht von detaillierten Ausführungen zum Kindergarten als „Kinderstube der Demokratie" bis hin zu Ländervorgaben, die Partizipation nicht explizit benennen, aber Aussagen zur Selbstbestimmung und Mitwirkung der Kinder machen (vgl. Danner, 2012). Auch viele elementarpädagogische Konzepte beinhalten den Gedanken der Teilhabe (siehe Kapitel 1.4 „Elementarpädagogische Konzepte und die Projektmethode", S. 51).

Der zweite Begründungszusammenhang von Partizipation ist eng damit verbunden und steht mit dem Prinzip des Demokratielernens in Wechselwirkung. Bildung als Selbstbildung, so wie es hier verstanden wird, fordert Raum, damit Kinder sich in der Kita den eigenen Themen, Inhalten, Fragen zuwenden können (siehe Kapitel 1.2 „Lernen und Bildung im Elementarbereich und die Projektmethode", S. 15). Sie müssen mitbestimmen können, womit sie sich befassen und auf welche Weise. Das hier zugrunde liegende Bildungsverständnis erfordert daher für Mädchen und Jungen einer Kita einen hohen Grad an Mitwirkungsmöglichkeiten und Partizipation. Das gilt insbesondere für Projekte. Alles das, was allgemein bezogen auf das Erlernen demokratischen Miteinanders gesagt wurde, ist so auch bei der Planung und Durchführung von Projekten erfahrbar zu machen. Die Projektmethode ist grundlegend demokratisch verfasst. Damit sind Projekte ein ideales Übungsfeld für das Erleben und Lernen von Demokratie. Daher betonen alle Definitionen von Projekt *das Merkmal der Partizipation*.

Wie kann diese aber gelingen? Dazu einige Hinweise, die für die Planung und Durchführung von Projekten (und darüber hinaus) hilfreich sein können. Die größte Herausforderung gelingender Partizipation besteht darin, sich als Erwachsene darauf einzulassen und die Mitwirkung und Mitbestimmung der Kinder in aller Konsequenz zu unterstützen und auszuhalten. Auch wenn die Prozesse dadurch vielleicht länger brauchen oder eine Richtung nehmen, die aus Erwachsenensicht vielleicht nicht ideal erscheint. Kinder brauchen die Erfahrung, dass selbst getroffene Entscheidungen zu nicht optimalen Konsequenzen führen können und dass sie dennoch ernst genommen werden. Mit den Folgen zu leben, stärkt das Verantwortungsgefühl. Vor allem aber erleben Kinder sich als selbstwirksam, wenn ihre Entscheidungen von den Erwachsenen ernst genommen und respektiert werden. So wird *ein* Projekt zu *ihrem* Projekt. Bartosch und Knauer halten daher zu Recht fest: „Die Partizipation von Kindern in der Kita fängt in den Köpfen der Fachkräfte in den Kitas an" (Bartosch/Knauer, 2016c, S.158).

Damit Partizipation und demokratisches Handeln gelingen, müssen die Fachkräfte die folgenden Merkmale erfüllen:

- Mitbestimmung anerkennen und verankern (z. B. in einem Rechtekatalog, einer Kita-Verfassung)

- Möglichkeiten der Beteiligung schaffen (für jedes Kind, unabhängig von Alter, Fähigkeiten etc.)

- Transparent sein (Informationen aller Beteiligten wie Kinder, Eltern, Fachkräfte und Dokumentation in kindgerechter Form)

- Durchweg demokratisch handeln (auch die Eltern und das gesamte Team müssen teilhaben können und die entsprechenden Informationen haben)

- Sich nach außen präsentieren (demokratisches Handeln in der Konzeption verankern und nach außen in Richtung Eltern, Schule, Öffentlichkeit etc. kommunizieren)

(Bartosch/Knauer, 2016b, S. 16 f.)

Mitbestimmung kann über verschiedene Formen realisiert werden: Grundsätzlich ist dabei eine entsprechende Haltung sowie eine gelingende Interaktion grundlegend, die den Äußerungen aller Kinder Raum gibt. Diese Kommunikation kann im Einzelgespräch oder in Kleingruppen erfolgen. Danner unterscheidet neben der ausdrücklichen Nennung der projektbezogenen Beteiligung eher offene Formen der Partizipation von repräsentativen Beteiligungsformen. Zu den offenen zählen Kinderkonferenzen, Erzähl- und Morgenkreise und Kinderversammlungen. „Hier können die Kinder ihre Anliegen einbringen, diskutieren und damit Einfluss auf den Kita-Alltag nehmen. Kinderkonferenzen und Erzähl- und Morgenkreise betreffen die Kinder einer Stammgruppe; Kinderversammlungen betreffen alle Kinder einer Kita" (Danner, 2012, S. 42). Repräsentative Formen sind z. B. Kinderrat und Kinderparlament, wobei im Kinderrat Delegierte der Kindergruppen mit einbezogen werden. Dabei handelt es sich in der Regel um ältere und besonders kompetente Kinder. Das Kinderparlament ist eine Vollversammlung aller Kinder (vgl. ebenda, S. 42 f.). Beide Formen können in die Planung und Durchführung von Projekten integriert werden. Aber natürlich haben hier im konkreten Verlauf auch Dialoge mit einzelnen Kindern und vor allem mit kleineren Gruppen ihren Platz.

1.3.7 Folgerungen für den Einsatz der Projektmethode

Insgesamt ist die didaktische Form der Projektmethode durch eine Reihe von Merkmalen gekennzeichnet, die sich in einem „elementardidaktischen Profil" zusammenfassen lassen. Bei den didaktischen Vorüberlegungen und Planungen eines Projektes lässt sich dieses elementardidaktische Profil nutzen.

„Elementardidaktisches Profil" der Projektmethode im Kindergarten	
individuelle und situative Voraussetzungen	– entspricht der Konzeption der Kindertagesstätte – Bereitschaft der pädagogischen Fachkräfte, Kinder an der Gestaltung des Projektes zu beteiligen – Bereitschaft und Fähigkeit der Kinder zum eigenaktiven Lernen und Handeln
Ziele und Intentionen (Kompetenzen)	– kooperatives Lernen und Handeln – Vertreten eigener Interessen und Lösung von Konflikten – forschendes und eigenaktives Lernen – selbstbestimmte Auseinandersetzung mit Inhalten – Partizipation und Mitbestimmung
Inhalte und Themen	– Inhaltsbereiche und Themen aus dem Umfeld bzw. aus der Lebenssituation der Kinder in Abstimmung mit den Bildungsbereichen der Bildungspläne – Eignung für vielfältige Auseinandersetzungsprozesse – Auswahl gemeinsam mit den am Projekt beteiligten Kindern

„Elementardidaktisches Profil" der Projektmethode im Kindergarten	
Methoden und Vorgehensweisen	– offene Gesamtkonzeption – unterschiedliche Sozialformen – vielfältige Einzelmethoden und didaktische Formen – besondere Bedeutung der Interaktion, des Dialogs und gemeinsamer Aushandlungsprozesse – Öffnung nach außen und Einbezug der Eltern
Medien und Materialien	themenbezogene und kindgerechte Vielfalt von Materialien und Medien wie Fotos, Gegenstände, Bilder, Bücher usw.

An vielen Stellen wird zu Recht betont, dass vor allem die Prozessqualität in Form gelingender Interaktionen über die Qualität der pädagogischen Arbeit in einer Kindertagesstätte entscheidet (vgl. Krenz, 2013; König, 2007; Tietze u. a., 1998). Insbesondere der Dialog der elementarpädagogischen Fachkräfte mit den Kindern, ihr erzieherisches Handeln als Anregung und Unterstützung kindlicher Lernprozesse sowie die sinnvolle Gestaltung von Lernumgebungen machen gute elementarpädagogische Bildungsarbeit aus. Das gilt auch für die Planung und Durchführung von Projekten.

Projekte sind nicht an sich gute Pädagogik und bilden keine didaktisch-methodischen Selbstläufer, sondern sie werden erst durch gute didaktische Vorüberlegungen und durch gelingende Interaktionen der elementarpädagogischen Fachkräfte mit den Kindern zu wertvollen Bildungsgelegenheiten in Kitas.

Projekte stellen dabei eine didaktische Form neben anderen dar. Nach Fthenakis ist darauf zu achten, dass die Projektarbeit bzw. -methode als komplementärer Teil zu anderen Aspekten des Curriculums[1] und *nicht als eine übergreifende Lehr- und Lern-methode* zu verstehen sei (vgl. Fthenakis, 2000, S. 218 f.). Für bestimmte Aspekte und Ziele frühkindlicher Lern- und Bildungsprozesse eignen sich eher andere didak-tische Formen wie etwa das Freispiel oder ein didaktisches Angebot.

Ausgangspunkt des vorliegenden Buches ist ein Verständnis von Frühpädagogik, das eher ein indirektes erzieherisches Handeln favorisiert, das ko-konstruktivistisch aus-gerichtet ist. Das bedeutet dass Projekte als Lerngelegenheiten für Kinder Spielräu-me für deren selbstbestimmte und eigentätige Auseinandersetzung mit einem Thema eröffnen sollen. Ein weiteres didaktisches Schlüsselelement stellen gelunge-ne soziale Aushandlungs-, Verständigungs- und Abstimmungsprozesse zwischen Erzieherin oder Erzieher und den Kindern bzw. zwischen den Kindern untereinander dar, was bei den Planungen und der Durchführung von Projekten grundsätzlich mit zu bedenken und mit zu berücksichtigen ist. Beides orientiert sich am Leitgedanken der Partizipation.

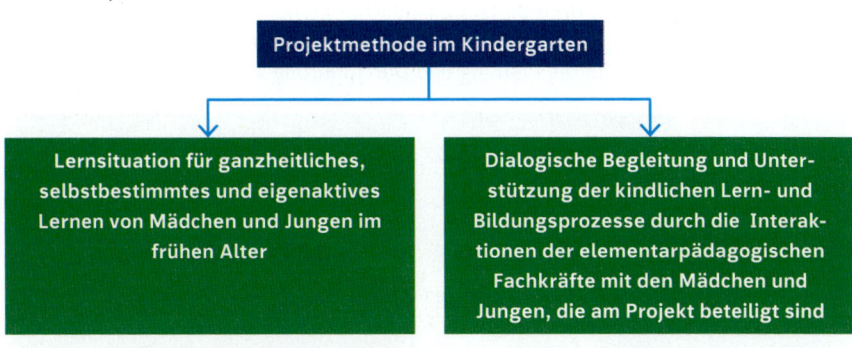

Zwei Schlüsselelemente der Projektmethode

Unter welchen Bedingungen solche Interaktionen gelingen, wurde weiter oben er-läutert. Allerdings lassen sich solche Dialoge oder Aushandlungsprozesse mit Kin-dern nur begrenzt antizipieren und genau planen. So bleibt nur, für geeignete Gele-genheiten offen zu sein und Räume zu schaffen. Eine wichtige Voraussetzung hierfür stellt das Beobachten des Verhaltens der beteiligten Mädchen und Jungen dar, um darauf aufbauend Lernsituationen nutzen, Impulse geben und Möglichkeiten zu lernintensiven Aushandlungsprozessen ausschöpfen zu können.

Gerade Projekte mit ihrer offenen und kindzentrierten Struktur eignen sich in be-sonderer Weise, um mit Kindern lernförderlich zu interagieren. Es gibt an vielen Stellen im Verlauf eines Projektes Gelegenheit, Lernprozesse von Mädchen und Jun-

---

[1] *Ein „Curriculum" ist traditionell ein Lehrplan, der Ziele und Lerninhalte für einen bestimmten Bildungsbereich vorgibt. Im Fall der Elementarpädagogik handelt es sich aber um keinen „Lehr-plan" im eigentlichen Sinne, sondern eher um eine Festlegung auf bestimmte Bildungsbereiche, die durch das frühkindliche Lernen abgedeckt werden sollen (vgl. Schuster, 2006).*

gen in Kindergärten ko-konstruktiv zu unterstützen und zu fördern sowie gleichzeitig eigenaktives und selbstgesteuertes Lernen der Kinder zu ermöglichen. Die Projektmethode stellt daher ein besonders geeignetes didaktisches Format für das pädagogische Handeln im Kindergarten dar.

Vor allem Projekte oder projektorientiertes Lernen im Kindergarten entsprechen dem Verständnis und den Anforderungen moderner Frühpädagogik.

Projekte sind didaktisch zu begründen und zu planen. Dabei sind die Planungen verlaufs- und inhaltsoffen zu gestalten. Ein für die Elementarpädagogik geeignetes Planungsmodell ist am lerntheoretischen Ansatz orientiert und benennt wesentliche Bedingungs- und Entscheidungsfelder für eine didaktisch begründete und pädagogisch sinnvolle Bildungs- und Erziehungsarbeit.

Allerdings sind Interaktionen, Gespräche und gemeinsames Lernen von Kindern und pädagogischen Fachkräften in Projekten nur möglich, wenn die entsprechenden Rahmenbedingungen vorliegen. Leider bleibt die Realität häufig dahinter zurück. Nach Ansicht von Expertinnen und Experten sind für eine Bildungsarbeit in der beschriebenen Form folgende Aspekte von zentraler Bedeutung (vgl. Küls u. a., 2006, S. 154):

- geeignete Räumlichkeiten und Ausstattungen mit Medien und Material
- Gruppengrößen von 15 Kindern bei jeweils zwei sozialpädagogischen Fachkräften
- ausreichende Verfügungszeiten für didaktisch-methodische Planungsarbeit
- Aus- und Fortbildung in Fragen der Bildungsarbeit im Elementarbereich
- fachliche Begleitung und Beratung
- Evaluation und Qualitätsmanagement

Aufgaben zu den Themen des Kapitels 1.3 finden Sie im Online-Material.

1.4 Elementarpädagogische Konzepte und die Projektmethode

Die Projektmethode im Kindergarten ist nicht neu. Schon seit Jahrzehnten bildet sie eine wesentliche Säule inzwischen weit verbreiteter Konzepte der Elementarpädagogik. Vor allem im Situationsansatz und in der Reggio-Pädagogik spielen Projekte eine wichtige Rolle. Dort erhalten sie ihre spezifische Form und Ausrichtung auf den jeweiligen bildungstheoretischen Grundlagen dieser Konzepte. Andere Ansätze wie die „offene Arbeit" oder der Waldkindergarten[1] lassen ebenfalls Raum für Projekte, haben diese aber nicht ausdrücklich als Teil ihrer Konzeption begründet. Daher sollen im Weiteren nur die beiden erstgenannten elementarpädagogischen Ansätze genauer betrachtet werden.

Außerdem wird auf die Bedeutung der Projektmethode in den Bildungsplänen für den Elementarbereich, die in den letzten Jahren in den einzelnen Bundesländern

---

[1] *Eine Beschreibung aller vier Konzepte findet sich bei Knauf: Moderne Ansätze der Pädagogik der frühen Kindheit, 2006, S. 119–129.*

entstanden sind, eingegangen. Bei der Entwicklung dieser curricularen Vorgaben wurden erstmalig für Kindertagesstätten pädagogisch verbindliche Ziele und Inhalte formuliert und damit eine einheitliche pädagogische Ausrichtung der Bildungsarbeit in diesem Feld geschaffen. Gleichzeitig soll damit der Anschluss an das schulische Lernen verbessert werden. Allerdings sind eher orientierende Empfehlungen entstanden als verbindliche Curricula, die dennoch wichtige pädagogische Entwicklungen im Elementarbereich angestoßen haben. In vielen Bildungsplänen und auch im „Gemeinsamen Rahmen der Länder für die frühe Bildung in Kindertageseinrichtungen" (Jugendministerkonferenz/Kultusministerkonferenz, 2004) wird auf das Projekt bzw. die Projektmethode als wichtigste didaktische Lernumgebung für frühpädagogische Bildungsprozesse hingewiesen.

1.4.1 Die Projektmethode im Situationsansatz

Die Projektarbeit erhielt in den (west-)deutschen Kindergärten vor allem durch den Situationsansatz entscheidenden Auftrieb. Dieser hat sich seit den 1980er-Jahren in der deutschen Elementarpädagogik auf breiter Basis durchgesetzt und wird als pädagogisch-konzeptionelle Grundlage seither in der einen oder anderen Weise von sehr vielen Kindertagesstätten in Deutschland praktiziert.

> „In der Phase der Entwicklung und Erprobung des Situationsansatzes wurde der Projektarbeit eine große Bedeutung zugesprochen. Im Rahmen von Projekten sollten Kinder mit Lebenssituationen konfrontiert werden, in denen sie kognitive, soziale und emotionale Kompetenzen erwerben, für ihre Entwicklung wichtige Erfahrungen machen und mit Menschen außerhalb der Kindertageseinrichtung in Kontakt kommen können. Vom Deutschen Jugendinstitut, vom Staatsinstitut für Frühpädagogik und von anderen Institutionen oder Einzelpersonen wurden in enger Kooperation mit Erzieher/-innen Projekte entwickelt, erprobt und dokumentiert."

(Textor, 1999a, S. 13)

Dabei gibt es *den* Situationsansatz gar nicht, sondern unterschiedliche Varianten wie den „Situationsansatz" des Deutschen Jugendinstituts oder den „Situationsorientierten Ansatz" in Nordrhein-Westfalen (vgl. Schäfer, 2006, S. 38 ff.), die aber darin übereinstimmen, dass sie sich als Gegenentwurf zur technisch-funktionalen und von kindlichen Interessen und Erfahrungen abgekoppelten Durchführung von Beschäftigungen bzw. Angeboten oder didaktischen Programmen entwickelt haben. Insgesamt geht der Situationsansatz vom Grundsatz aus, pädagogische Aktivitäten von den aktuellen Lebenssituationen der Kinder her zu gestalten. So werden Fördermaßnahmen, die von außen herangetragenen Leistungszielen dienen, verworfen und es wird stattdessen gefordert, alle pädagogische Arbeit mit den alltäglichen Erfahrungen der Kinder zu verbinden (vgl. Merkel, 2005). Hierbei spielt die Mitbestimmung der Kinder eine wesentliche Rolle.

„Der Situationsansatz sieht Kinder als eigenaktive und selbsttätige Subjekte. Sie entwickeln im Dialog mit ihrer Mit- und Umwelt ihre Kompetenzen und entfalten im altersangemessenen Tun ihre Potentiale. Partizipation wird gelebt als individuelles Recht und soziale Verantwortung."

(Kobelt Neuhaus, 2016, S. 40)

Ausgangspunkt der Verbreitung des Situationsansatzes waren die Überlegungen der Arbeitsgruppe „Vorschulerziehung", die – vom Deutschen Jugendinstitut beauftragt – unter Leitung von Jürgen Zimmer in den frühen 1970er-Jahren wichtige konzeptionelle Pflöcke eingeschlagen hat. Sie hat sich vor allem an der Reformpädagogik des frühen 20. Jahrhunderts orientiert und damit an den Leitvorstellungen wie:

- Pädagogik vom Kind aus
- Wertschätzung der Individualität
- unmittelbares und selbsttätiges Lernen
- Lehrer/-innen und Erzieher/-innen als Partner des Kindes
- Pflege des Gruppen- und Einrichtungslebens

Die Ziele der Bildungsarbeit im Situationsansatz lassen sich vor diesem Hintergrund wie folgt zusammenfassen:

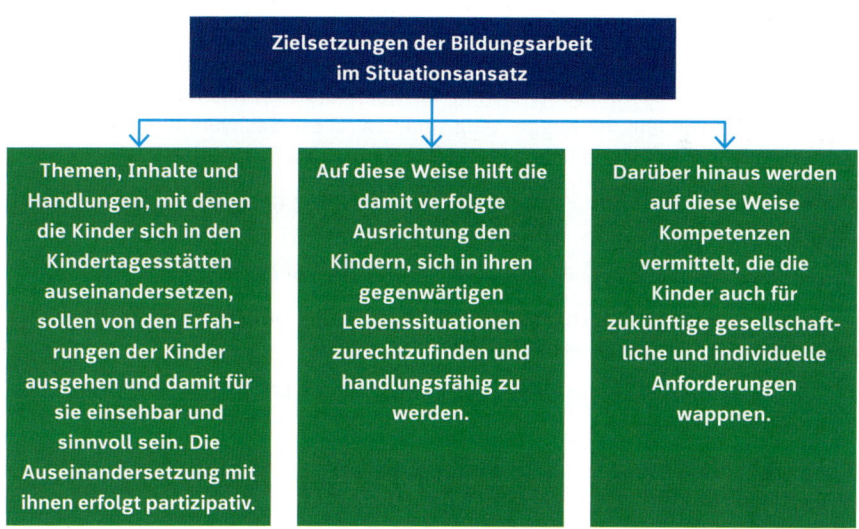

Der Vorteil dieses Vorgehens gegenüber anderen pädagogischen Ansätzen liegt darin, dass sich die Entwicklung von Fähigkeiten, Fertigkeiten und Wissen aus den Anforderungen ergeben, die ein Ereignis oder ein auftretendes Problem aus dem kindlichen Umfeld stellt. Die Lebensnähe spricht das Interesse und die Einsicht der Kinder an. Sie erwerben Kompetenzen, die sie in ihrer Lebenswelt nutzen können und sie dort selbstsicherer machen, und sie verstehen Zusammenhänge, die ihre eigenen Beobachtungen und Fragen beantworten. Daher sucht der Situationsansatz Schlüsselsituationen für Kinder auf, um Lern- und Bildungsprozesse daran anzubinden.

Diese Situationen werden im realen Lebensumfeld erprobt und dafür angemessene Verhaltensweisen und brauchbares Wissen erworben. Zugleich wird das Spiel als wichtige Form der Auseinandersetzung mit der eigenen Lebenswelt einbezogen und es werden Bedingungen geschaffen, die es den Kindern ermöglichen, voneinander und unabhängig von den Erziehenden zu lernen. Eine große Bedeutung hat daher das soziale Lernen.

Der ständige Bezug zu Lebenssituationen der Kinder und ein Lernen im sozialen Umfeld erfordern, dass die Einrichtung sich nach außen zu ihrer Umgebung hin öffnet, den Kindern Erfahrungen im gesellschaftlichen Umfeld ermöglicht werden und sie letzten Endes lernen, an der Gestaltung des Gemeinwesens mitzuwirken.

Projekte im Situationsansatz

Diese kurzen und zusammenfassenden Ausführungen zum Situationsansatz zeigen die besondere Bedeutung von Projekten in diesem pädagogischen Konzept, die an Lebenssituationen von Mädchen und Jungen des jeweiligen Kindergartens anknüpfen. Diese Projekte betonen das soziale Lernen und greifen kindliche Schlüsselsituationen auf. Solche Schlüsselsituationen ergeben sich aus den konkreten Ereignissen und Erfahrungen in der Lebenswelt der Kinder innerhalb, aber auch außerhalb der Einrichtung, beispielsweise wenn ein Mädchen aus der Kindergartengruppe ein Geschwisterkind bekommt oder sich in der Nachbarschaft des Kindergartens eine Baustelle befindet, auf der Bagger tätig sind usw. Diese Sachverhalte bzw. Themen werden aufgenommen und bezogen auf ihre Bedeutung für die Kinder analysiert.

Daraus ergibt sich für die Planung und Durchführung der Projekte ein Vorgehen, das

- zuerst bedeutsame Lebenssituationen der Kinder vor Ort sucht,
- darauf aufbauend Entscheidungen für Themen und Inhalte trifft sowie Ziele für den Erwerb von Schlüsselkompetenzen formuliert,
- Lernsituationen gestaltet und diese für das lernende Handeln und Spielen der Kinder öffnet sowie
- im Rückblick die gemachten Erfahrungen bzw. die Lernprozesse der Kinder auswertet.

Die sich daraus ergebenden Projekte sind gekennzeichnet durch eine hohe Orientierung an den Neigungen und Interessen der Kinder. Dabei können auch Themen eingebracht werden, mit denen sie noch keinen Kontakt hatten, wenn diese aus Sicht der Fachkräfte für das Leben der Kinder in dieser Gesellschaft relevant sind.

Gleichzeitig bieten Projekte vielfältige Möglichkeiten der Öffnung nach außen in Form von Exkursionen in das umliegende Gemeinwesen oder zu Einrichtungen wie dem Krankenhaus, der Polizei oder einem Alten- und Pflegeheim. Ebenso können Erwachsene zu Besuch in die Kindertagesstätte kommen, um etwas über ihren Beruf, ein Hobby oder ein sonstwie relevantes Thema aus der Lebenswelt der Kinder zu berichten. Auch dadurch werden Mädchen und Jungen mit Aspekten der gesellschaftlichen Wirklichkeit konfrontiert und können ihren Fragen dazu nachgehen.

Die Gestaltung der Projekte geschieht im Situationsansatz unter großer Beteiligung der Kinder. Sie bieten vielfältige Zugänge zu den lebensrelevanten Bildungsinhalten, werden mit unterschiedlichen Medien dokumentiert und beziehen alle Kinder und deren Eltern bzw. Familien mit ein (vgl. Preissing/Heller, 2010, S. 106 f.).

Die inhaltliche Ausrichtung der Projekte im Situationsansatz weist aber einen Schwachpunkt auf. Da Entscheidungen für ein Thema fast ausschließlich davon abhängen, ob die Fachkräfte dieses für die sozialen Lebensbezüge der Kinder für bedeutsam halten, werden Aktivitäten, Wünsche und Anregungen von Kindern daraufhin gefiltert, ob sie dem entsprechen.

- „Daraus ergibt sich die Gefahr, dass die Fachkräfte die Situation zum Anlass nehmen, Themen und Gegenstände in der Weise zu behandeln, wie sie es für angemessen halten, ohne noch ausreichend Rücksicht auf und Rücksprache mit den Kindern zu halten. Jede schematische Durchführung wird aber den Bildungseffekt beeinträchtigen.

- Da alle Sachthemen prinzipiell stets im Kontext sozialer Erfahrungen behandelt werden sollen, drohen Wahrnehmungen, Interessen und Neigungen von Kindern übergangen zu werden, die die Fachkräfte nicht unter dem Stichwort ‚soziales Lernen' einordnen können oder wollen."

(Merkel, 2005, S. 74 f.)

Projekte nach dem Situationsansatz gehen von lebensweltrelevanten Themen der Kinder aus und wollen diese auf ein Leben in der Gesellschaft vorbereiten – mit einer durchaus kritischen Sicht auf die Projektthemen. Dabei stehen vor allem das soziale Lernen und das eigenaktive Handeln von Mädchen und Jungen in der frühen Kindheit im Vordergrund.

1.4.2 Die Projektmethode in der Reggio-Pädagogik

Die Reggio-Pädagogik hat ihren Ursprung in den Kindertagesstätten der norditalienischen Stadt Reggio Emilia. Dort wurde in den 1960er-Jahren eine Organisationsstruktur und vor allem eine pädagogische Konzeption entwickelt und aufgebaut, die seit den 1980er-Jahren durch internationale Besuchergruppen, aber auch durch die Wanderausstellung „Die 100 Sprachen der Kinder" weltweit bekannt und als beispielhaft geschätzt wurde bzw. wird. Ein wesentliches Kennzeichen ist dabei die gemeinsame Verantwortung der Gemeinde, der Eltern sowie der Erzieherinnen und Erzieher für die Erziehung der Kinder in den Kindertagesstätten. Inzwischen orientieren sich auch in Deutschland viele Einrichtungen an diesem pädagogischen Ansatz, wobei dort vor allem die pädagogischen Merkmale des Bildes vom Kind als Akteur seiner Entwicklung, der Bedeutung von Material und Raum, der Rolle der Erzieherinnen und Erzieher sowie des Verständnisses von Spiel und Arbeit im Mittelpunkt stehen.

In der Reggio-Pädagogik wird die Ausrichtung der Bildungsarbeit auf die Wahrnehmungen und Interessen der Kinder am konsequentesten praktiziert. „Jedes Kind wird in der Reggio-Pädagogik von Natur aus als stark, kompetent und kreativ angesehen. Das Kind und die Kindergruppe stehen im Mittelpunkt jeglicher pädagogischer Praxis" (Bagic-Moser, 2014, S. 36). Als Leitvorstellung geht es deshalb vor allem darum, den Kindern behilflich zu sein, sich die Welt selbst-

Bedeutung des künstlerisch-kreativen Aspekts in der Reggio-Pädagogik

ständig anzueignen und von sich aus zu Einsichten, Schlussfolgerungen bzw. Problemlösungen zu gelangen. Daher dreht sich in der Reggio-Pädagogik viel um den Prozess der subjektiven Verarbeitung von Wahrnehmungen und Erfahrungen durch die Kinder. Hierbei wird großer Wert auf die Förderung ästhetischen Gestaltens gelegt, was sich in der deutlichen Ausrichtung der pädagogischen Arbeit an künstlerisch-kreativen Aspekten zeigt.

> „Um zu verhindern, dass Kinder vorschnell auf (sprachliche) Folgerungen verpflichtet werden, die ihnen Erwachsene vorgeben, halten sich die Pädagogen im Hintergrund und vermeiden es, ihr Wissen den Kindern überzustülpen. ‚Im Vordergrund des pädagogischen Interesses steht dabei nicht die Frage, wie erkläre ich den Kindern ein Objekt, ein Ereignis, ein Geschehen, an welchem sie sich festgebissen haben, sondern auf welche Weise nehmen Kinder dies wahr, wie kommen sie zu den Fragen, die sie stellen, oder allgemeiner: Was geht im Kopf der Kinder vor, wenn sie die Dinge so wahrnehmen und aussprechen, wie sie dies tun?' (Schäfer, 2004, o. S.)"

(Merkel, 2005, S. 81)

Auf diese Weise sollen den Kindern Räume eröffnet werden, ihre Wahrnehmungen und Beobachtungen in den „100 Sprachen des Kindes" zum Ausdruck zu bringen.

Die Merkmale dieses pädagogischen Verständnisses lassen sich wie folgt zusammenfassen:

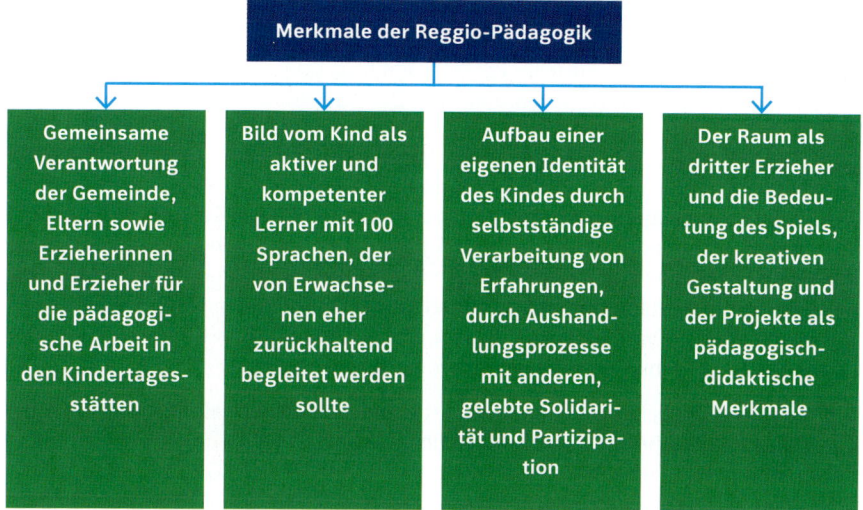

Projekte in der Reggio-Pädagogik

Neben dem für die Reggio-Pädagogik typischen Einbezug des Raumes als drittem Erzieher und der Öffnung der Kindertagesstätte zum Gemeinwesen hin sind es vorrangig die Projekte, die als Handlungsform zur Gewinnung von alltagsbezogenen Fertigkeiten und vor allem von Selbst- und Weltverständnis eine zentrale Rolle spielen (vgl. Knauf, 2006, S. 123; Knauf, 2003b).

Brockschnieder verweist auf ihre besondere Bedeutung, wenn er herausstellt:

„Lernen findet zwar auch in anderen Zusammenhängen statt, aber die Projektarbeit kann sicherlich als das Herzstück der pädagogischen Arbeit bezeichnet werden. Zentraler Bestandteil der Projektarbeit ist die Dokumentation. Lernen auf der Basis vorgegebener Bildungspläne lehnt die Reggio-Pädagogik ab."

(Brockschnieder, 2016, S. 31)

Ideen für Projekte entstehen auf unterschiedliche Weise und können aus Fragen, Spielhandlungen, Beobachtungen einzelner oder mehrerer Kinder, Entscheidungen im Kinderparlament oder auch aus Anregungen von außerhalb oder von der Erzieherin bzw. dem Erzieher hervorgehen. Die Planung des weiteren Vorgehens folgt keinem festgelegten Schema und ist für weitere Anregungen und Ideen der Kinder im Verlauf offen. Dabei nehmen die Erzieherinnen und Erzieher nur durch vorsichtige

Fragen und Anregungen Einfluss und überlassen es den Kindern, als aktive Akteure ihrer Lern- und Entwicklungsprozesse den Verlauf zu verfolgen sowie eigene Überlegungen anzustellen.

> „Die Prozessstruktur reggianischer Projekte lebt insgesamt von der variierenden Wiederholung der Momente Wahrnehmung – Reflexion – Aktion – Kommunikation."

(Knauf, 2006, S. 123)

Die Zahl der beteiligten Kinder hängt dabei von deren Interesse am Thema ab und kann daher variieren. In der Reggio-Pädagogik geht man davon aus, dass aufgrund der sehr schnellen Entwicklung im frühen Kindesalter die Fragen, Problemlösungsansätze und Interessen der Kinder schnell auseinandergehen, wenn sie altersmäßig auch nur leicht variieren. Aus diesem Grund bilden sich mit Unterstützung der pädagogischen Fachkräfte häufig altershomogene Gruppen.

Die Wege des kindlichen Handelns und Arbeitens sind dabei vielfältig. Kinder sollen ihre Potenziale einbringen, unterschiedliche Ansätze und Perspektiven verfolgen sowie kulturelle Praktiken einsetzen wie das Tonen, Malen, Geschichtenerzählen oder genaue Untersuchen von Dingen (vgl. Stenger, 2010, S. 136 f.), wobei die Fachkräfte behutsam Impulse setzen, sich aber ansonsten zurückhalten und nur durch das Zur-Verfügung-Stellen von Räumen, Materialien und Erfahrungen unterstützen.

Von zentraler Bedeutung ist hierbei, dass die Handlungsprozesse und Produkte im Projekt sinnlich-gegenständlich dargestellt und dokumentiert werden. So können großflächige Wanddokumentationen als „sprechende Wände" genutzt werden, aber auch Dokumentationsformen in Papierform mit Bildern, Gegenständen, Kinderäußerungen usw. Sie sollen den anderen Kindern und den Erwachsenen in der Einrichtung oder außerhalb auf die vielfältige Weise kindlicher Sprache von den Projekten sowie den Arbeits- und Lernschritten der beteiligten Mädchen und Jungen berichten.

Die Reggio-Pädagogik betont in ihren Projekten die Wahrnehmung und den vielsprachigen Ausdruck von Kindern und ihre darauf basierende eigenaktive Auseinandersetzung mit der Welt. Partizipation und Selbstbestimmung sowie vielperspektivisches Handeln im kreativen Gestalten der Mädchen und Jungen in der Kita stehen dabei im Mittelpunkt.

1.4.3 Bildungspläne und die Projektmethode

Schon seit einigen Jahren wird die pädagogische Arbeit in den Kindertagesstätten durch Bildungspläne geprägt. In nahezu allen Bundesländern existieren solche Bildungspläne, die sich allerdings durchaus in ihrer Verbindlichkeit, der Zielgruppe (z. B. 0- bis 6-Jährige oder 0- bis 10-Jährige), ihrem Umfang und/oder in der inhaltlichen Ausrichtung unterscheiden. Allerdings gibt es auch Gemeinsamkeiten, die 2004 durch den „Gemeinsamen Rahmen der Länder für die frühe Bildung in Kindertageseinrichtungen" als Beschluss sowohl der Jugendministerkonferenz als auch der Kultusministerkonferenz festgelegt wurden.

Hintergrund dieser Entwicklung sind die bildungstheoretischen und -politischen Diskussionen und Reformen nach den Ergebnissen der großen Schulvergleichsuntersuchungen wie PISA, IGLU und der OECD-Studie „Starting Strong" zur frühkindlichen Betreuung, Bildung und Erziehung. Die individuelle und gesellschaftliche Bedeutung der frühen Bildung wurde in diesem Zusammenhang als so wichtig eingeschätzt, dass man die frühpädagogische Arbeit mit Bildungsstandards in Form von Bildungsplänen unterstützen wollte und will. Deshalb wurden diese in allen Bundesländern auf der Basis einer gemeinsamen Bildungsphilosophie erarbeitet – allerdings unter verschiedenen Bezeichnungen. So beziehen sich alle Bildungspläne auf ein einheitliches Bild vom Kind, das verstanden wird als ein sich die Welt aktiv aneignendes Wesen und das in sozialen Bezügen durch Erfahrung und Handeln seine eigenen, jeweils subjektiven Sinnkonstruktionen über die Welt und sich selbst entwickelt. Dahinter steht der Ansatz des auf dem sozialkonstruktivistischen Verständnis menschlicher Erkenntnisprozesse beruhenden Ko-Konstruktivismus (siehe S. 17).

In den Kindertagesstätten geht es vor allem um „(...) die Vermittlung grundlegender Kompetenzen und die Entwicklung und Stärkung persönlicher Ressourcen" (Jugendministerkonferenz/Kultusministerkonferenz, 2004, S. 3).

Daher existieren auch keine detaillierten Rahmenrichtlinien oder Lehrpläne, keine genau vorgeschriebenen Lerninhalte oder Lernziele für den Kitabereich.[1] Die Bildungspläne folgen einem Verständnis nicht formalisierter Bildung, das in der Lebenswelt der Kinder ansetzt und die kindliche Neugierde und ihren Forscherdrang unterstützt. Im Vordergrund stehen Schlüsselqualifikationen, die die Tür zur weiteren – dann formalisierten – Bildung in der Schule öffnen. Im „Gemeinsamen Rahmen der Länder für die frühe Bildung in Kindertageseinrichtungen" (vgl. Jugendministerkonferenz/Kultusministerkonferenz, 2004) wird dazu eine Reihe von Bildungsbereichen in der Elementarpädagogik festgelegt, an denen sich die einzelnen Bildungspläne der Länder orientieren:

- Sprache, Schrift, Kommunikation
- personale und soziale Entwicklung, Werteerziehung/religiöse Bildung
- Mathematik, Naturwissenschaft, (Informations-)Technik
- musische Bildung/Umgang mit Medien
- Körper, Bewegung, Gesundheit
- Natur und kulturelle Umwelten

Zusätzlich kommt dem Übergang in die Schule und der Zusammenarbeit mit den Eltern ein besonderer Stellenwert zu, ohne dass dies die Ausrichtung auf ein individuelles,

---

[1] *Eine Ausnahme bildet hierbei die Sprachförderung. Im Rahmen der erst vor wenigen Jahren eingeführten Sprachstandsfeststellungsverfahren werden Kinder im Einzelfall zu Sprachkursen verpflichtet, welche sich wiederum teilweise an detaillierten und verbindlichen Sprachförderprogrammen orientieren.*

situatives und offenes pädagogisches Konzept behindern soll. Kindertagesstätten werden als Bildungseinrichtungen eigenen Typs verstanden und dürfen die Schule nicht um einige Jahre vorverlegen. Auch Partizipation und demokratisches Handeln in der Kita finden sich in nahezu allen Bildungsplänen als Thema wieder – wenn auch mit unterschiedlicher Ausprägung (vgl. Danner, 2012, S. 40 f.).

Die Bildungspläne enthalten in durchaus unterschiedlicher Form Kompetenzbeschreibungen oder pädagogische Empfehlungen, welche Themen, Inhalte, Fragen und Richtungen das Lernen im Kindergarten bestimmen sollen. Das ist relativ neu für den Elementarbereich. Zuvor gab es keinen solchen „*Lern*plan", sondern nur vereinzelt Rahmenrichtlinien verschiedener Träger und schriftlich fixierte Anregungen für pädagogische Teilaspekte wie Bewegungserziehung, Sprachförderung oder interkulturelle Bildung.

Damit hat sich auch die didaktische Aufgabe der pädagogischen Fachkräfte verändert. Sie müssen auf der Grundlage dieser pädagogischen Vorgaben konkrete Überlegungen anstellen, wie sie die Bildungsprozesse von Kindern unterstützen wollen. Wichtig ist, dass dies nicht zu einer Belehrungspädagogik und der Bildungsplan nicht zu einem „*Lehr*plan" wird.

Projekte als didaktische Form in den Bildungsplänen

In allen Bildungsplänen werden Projekte als geeignete didaktische Form bzw. geeignetes methodisches Lernarrangement für frühkindliche Bildungsprozesse genannt und empfohlen. Sie helfen bei der Umsetzung der Bildungsziele in allen Bildungsbereichen – je nach Zielgruppe des jeweiligen Bildungsplans in den ersten sechs oder zehn Lebensjahren.

Die Bildungspläne unterstreichen das Prinzip der ganzheitlichen Förderung in der pädagogischen Arbeit in Kindertagesstätten. Inhaltlich soll sie an der Lebenswelt der Kinder und ihren Interessen anknüpfen und Lernformen ermöglichen, die selbstgesteuertes Lernen fördern, Gestaltungsspielräume eröffnen sowie soziales Lernen unterstützen (vgl. Schuster, 2006, S. 151). Wichtig ist dabei außerdem, die Bedeutung des Spiels zu berücksichtigen. Grundlegende Voraussetzung für die Erfüllung des Bildungsauftrags ist die Wahrnehmung der Fragen und Themen der Kinder (vgl. Schuster, 2006, S. 152). Vor diesem Hintergrund findet sich im „Gemeinsamen Rahmen für die frühe Bildung" der ausdrückliche Hinweis auf die Arbeit in Projekten.

„Besonders geeignet für das ganzheitliche Lernen ist die Projektarbeit."

(Jugendministerkonferenz/Kultusministerkonferenz, 2004, S. 3)

In den älteren Bildungsplänen, die kurz nach 2004 entstanden sind, wird dabei noch wenig darüber gesagt, wie Projekte konkret zu planen und durchzuführen sind. Ein gemeinsames Grundverständnis zeigt sich beispielhaft im Berliner Bildungsprogramm von 2004:

„In einem Projekt setzen sich Kinder und Erwachsene über einen längeren Zeitraum intensiv, zielgerichtet und in vielfältigen Aktivitäten mit einem Thema aus der Lebensrealität der Kinder auseinander. (…) Lernen in Projekten ist ein entdeckendes und forschendes Lernen. (…) Kinder und Erwachsene begeben sich (…) in einen gemeinsamen Prozess des Forschens, Erkundens und Untersuchens. Projekte sind – trotz notwendiger Planung und Vorbereitung – Lernarrangements, die offen sind für spontane Ideen der Kinder, neue Überlegungen der Erzieherinnen und Erzieher oder Anregungen von Eltern und anderen Personen."

(Senatsverwaltung für Bildung, Jugend und Sport Berlin, 2004, S. 35 f.)

Die Bildungspläne der letzten Jahre befassen sich deutlich intensiver mit diesem didaktischen Format. Hier finden sich teilweise genauere Hinweise zu den Merkmalen und Prinzipien projektorientierten Lernens im Elementarbereich.

„Die Planung von Projekten spielt bei der Planung pädagogischen Handelns in Kindertageseinrichtungen eine große Rolle. Ein Projekt ist die intensive Beschäftigung mit einer Frage, einem Thema, einer Aufgabe.

Dies kann sowohl in Kurzprojekten als auch in Langzeitprojekten geschehen. Kennzeichen von Projekten sind:

- Themen- und Produktorientierung: Projekte setzen sich mit klar umrissenen Themen auseinander und enden häufig mit einem Produkt oder einer Abschlusspräsentation.

- Zielgruppenorientierung: Projekte befassen sich mit Themen, die für die jeweilige Kindergruppe von Bedeutung sind. Sie werden so geplant, dass sie allen Kindern, die am Projekt teilnehmen, individuelle Zugänge zum Projektthema eröffnen.

- Zeitliche Begrenzung: Projekte sind zeitlich begrenzt. Wenn ein Produkt erstellt ist oder ein Thema erschöpfend behandelt wurde, ist das Projekt beendet. Dabei kann der zeitliche Umfang eines Projektes sehr unterschiedlich sein.

- Partizipative Orientierung: In Projekten können die Kinder in allen Projektphasen an den Entscheidungen bezüglich des Projektes beteiligt sein: von der Themenfindung über die Zielformulierung, die Planung und die Durchführung bis zur Auswertung.

Projekte, die in Kindertageseinrichtungen durch den Situationsansatz eine lange Tradition haben, ermöglichen allen Kindern, sich mit einem Aspekt des gewählten Themas auf individuelle Weise zu beschäftigen. Sie können eine Eigendynamik entwickeln und Kinder (und auch pädagogische Fachkräfte oder Eltern) dazu motivieren, immer neue Aspekte zu verfolgen."

Ministerium für Soziales, Gesundheit, Familie und Gleichstellung des Landes Schleswig-Holstein (Hrsg.); Knauer/Hansen, 2012, S. 49; vgl. Sächsisches Staatsministerium für Kultur (Hrsg.), 2011, S. 154–156; Senatsverwaltung für Bildung, Jugend und Wissenschaft (Berlin) (Hrsg.), 2014, S. 40–42.

1.4.4 Folgerungen für den Einsatz der Projektmethode

Sowohl der Situationsansatz als auch die Konzeption der Reggio-Pädagogik geben wichtige Anregungen für die Verwendung der Projektmethode in Kindertagesstätten. Der Situationsansatz betont vor allem die Bedeutung des lebensweltorientierten und sozialen Lernens. Projekte sollen daher ihren Ausgangspunkt in den Situationen der Kinder nehmen und ihnen helfen, sich im gesellschaftlichen Leben zu orientieren und zurechtzufinden. Aus diesem Grund stehen Themen wie Feuerwehr, Geburt, Einkaufen, Baustelle usw. auf dem Programm. Arbeit in Projekten befasst sich dabei mit sozial relevanten Inhalten, ist aber selbst immer auch soziales Handeln und fördert damit das Sozialverhalten von Mädchen und Jungen im frühen Alter. Gerade die Betonung des sozialen Lernens und die Aufgabe der pädagogischen Fachkräfte, mit den Kindern gemeinsam relevante Lebenssituationen zu erkennen und sich hier zu orientieren, zeigt deutliche Bezüge zu einem ko-konstruktiven Verständnis von Erziehung und Bildung.

> „Als Projekt [im Situationsansatz] wird ein bewusst herausgehobenes und zielgerichtetes Handeln von Kindern und Erwachsenen mit einer zeitlich und inhaltlich geplanten Abfolge der Auseinandersetzung mit einem Thema aus der Lebensrealität dieser Kinder bezeichnet. Projekte werden aus konkreten Anlässen entwickelt. [...] Projekte sind hervorragend geeignet, die institutionellen Begrenzungen zu überwinden im Sinne einer Öffnung der Kita."

(Preissing/Heller, 2010, S. 106 f.)

In der Reggio-Pädagogik werden andere Merkmale der Projektarbeit betont. Zum einen steht hier der kreative Ausdruck von Mädchen und Jungen in den „100 Sprachen der Kinder" im Vordergrund. Zum anderen werden Projekte aber auch in ihrer Bedeutung für die Selbstbestimmung und Partizipation der Kinder gesehen. Deren Mitbestimmung und Mitwirkung bei der Themenfindung und Gestaltung der Projekte sind in der pädagogischen Arbeit zu berücksichtigen und stellen ein wesentliches Kennzeichen der Projektmethode dar. Ebenfalls betont werden hier der Einbezug des Gemeinwesens sowie die Bedeutung der Dokumentation des Handelns und Lernens der Mädchen und Jungen in Kooperation mit den Erwachsenen. Auch in diesem pädagogischen Konzept zeigen sich ko-konstruktive Bezüge zum Bildungsverständnis.

Wenn man die hier aufgeführten Merkmale und Grundsätze des Projektes als wesentliche didaktisch-methodische Form noch einmal zusammenfasst, ergibt sich eine Aufzählung, die zeigt, wie sehr Situationsansatz und Reggio-Pädagogik das gegenwärtige Verständnis der Projektmethode in der Elementarpädagogik geprägt haben:

- Lebensweltorientierung und Alltagsbezug

- soziales Lernen

- Öffnung nach außen

- Selbstausdruck der Mädchen und Jungen

- Mitwirkung und Partizipation der Kinder

- ko-konstruktives Erziehungs- und Bildungsverständnis

- Dokumentation

Nicht zuletzt darauf beruhend hat die Projektarbeit Eingang in den „Gemeinsamen Rahmen der Länder für die frühe Bildung in Kindertageseinrichtungen" der Jugendministerkonferenz und Kultusministerkonferenz sowie in die Bildungspläne der einzelnen Bundesländer gefunden. Mit den dort jeweils beschriebenen Bildungsbereichen liegt ebenfalls eine inhaltliche Orientierung für die Elementarbildung vor, die bei der Planung und Durchführung von Projekten zu berücksichtigen ist. Die Bildungspläne beschreiben Bildungs- und Erziehungsziele bzw. die von den Kindern zu erwerbenden (Basis-)Kompetenzen. Es handelt sich dabei um gesellschaftlich relevante Zielsetzungen für Bildung im Elementarbereich.

Die Bildungsbereiche sind dabei allerdings nicht als präzise abzuarbeitende Curricula zu sehen, sondern geben einen Überblick über die ganze Breite relevanter Inhalte und sollen den Anschluss an das schulische Lernen durch Vorgabe gemeinsamer Themenbereiche unterstützen, die sich in den Schulfächern der Grundschule wiederfinden. Das konkrete Lernen der Mädchen und Jungen in Kindertagesstätten unterscheidet sich jedoch vom Unterricht in der Schule und folgt den spezifischen und entwicklungspsychologisch begründeten Merkmalen und Grundsätzen des Lernens in der frühen Kindheit (siehe Kapitel 1.2.2 „Wie Kinder im Kindergartenalter lernen", S. 19). Hierfür – da herrscht ein breiter Konsens – eignet sich vor allem das Projekt bzw. das projektorientierte Lernen als didaktisch-methodische Form, ohne anderen Formen der Kindergartenpädagogik wie dem Freispiel oder den Angeboten ihren Wert und ihre Bedeutung abzusprechen.

Aufgaben zu den Themen des Kapitels 1.4 finden Sie im Online-Material.

2 Projekte ko-konstruktivistisch durchführen

2.1 Phasen des Projektverlaufs

Im ersten Teil des Buches geht es um die bildungstheoretischen Grundlagen der Projektmethode. Dazu werden Ziele, Merkmale und Grundsätze von pädagogischen Projekten im Kindergarten erläutert sowie in die aktuelle Fachdiskussion der Elementarpädagogik eingeordnet. Sie haben sich dabei als sinnvolle Lerngelegenheiten und Lernumgebungen für Mädchen und Jungen im frühen Alter erwiesen, um ganzheitliche und eigenaktive Bildungsprozesse zu unterstützen, die an den Fragen der Kinder orientiert sind. Gleichzeitig eignen sie sich, um die pädagogischen Ziele der Bildungspläne für den Elementarbereich zu verfolgen. Projekte dienen nicht der Beschäftigung der Kinder, sondern stellen eine pädagogisch und didaktisch begründete Methode für eine gelingende Bildungsarbeit in Kindertagesstätten dar.

Im nun folgenden zweiten Teil des Buches wird es darum gehen, konkret zu zeigen, wie Projekte pädagogisch durchdacht auf den Weg und dann über ihre Durchführung zu einem guten Abschluss gebracht werden können. Im Vordergrund steht auch hier eine fachlich-theoretische Perspektive. Insofern werden nicht allein praktische Durchführungstipps gegeben, sondern fachliche Erläuterungen und Begründungen zu den einzelnen Phasen und Schritten eines Projektes geliefert. Gute Praxis wird verstanden als Balance aus in der unmittelbaren Arbeit erworbenem Handlungswissen und damit in Beziehung gesetzter Theorie.

Die folgenden Ausführungen zur ko-konstruktiven Planung und Durchführung eines Projektes sollen anhand zweier Projektbeispiele aus einer fiktiven Kindertagesstätte veranschaulicht werden. Dabei geht es um die „Villa Kunterbunt" und hier insbesondere um die „Eulengruppe", auf deren Projekte immer wieder beispielhaft Bezug genommen wird. Die ausgewählten Projekte werden dabei nicht detailliert und in allen relevanten Einzelschritten dargestellt, sondern ausschnitthaft herangezogen, um bestimmte Aspekte und Überlegungen zur Projektmethode sowie zum Ablauf eines Projektes zu veranschaulichen.

Beispiel: Die „Villa Kunterbunt"

Die Kindertagesstätte „Villa Kunterbunt" liegt am Rande einer Großstadt und verfügt über zwei Vormittags-, zwei Nachmittags- sowie zwei Ganztagsgruppen. Außerdem gibt es eine Hortgruppe am Nachmittag sowie vormittags eine und ganztags eine weitere Krippengruppe. Im Kindergartenbereich treffen sich die Raben- und die Igelgruppe ganztags, nachmittags die Regenwurm- und die Storchgruppe und vormittags die Fuchs- sowie die Eulengruppe. Letztere besteht aus 11 Jungen und 14 Mädchen im Alter von drei bis sechs Jahren, wobei ein Großteil der Kinder schon zu den „Älteren" gehört und in diesem oder im nächsten Jahr in die Schule kommen wird. Die meisten Kinder sind bereits seit zwei oder drei Jahren in der Gruppe. Sie sind sehr lebhaft und stets interessiert an Neuem. Sie gehen konstruktiv miteinander um, haben ihre Rollen und Positionen gefunden und spielen oft in Gruppen.

Vier Kinder stammen aus Familien mit Migrationshintergrund.

Die Eulengruppe wird von der Erzieherin Katharina Winter geleitet. Seit Kurzem steht ihr als Zweitkraft Sven Sommer zur Seite, der seine Ausbildung zum Erzieher gerade erst erfolgreich abgeschlossen hat.

Das Umfeld der Einrichtung ist einerseits geprägt durch ein Neubaugebiet mit Einfamilienhäusern. Hier leben viele junge Familien mit Kindern. In der Nachbarschaft gibt es dann andererseits noch den Mollsiepen, eine Siedlung mit sogenannten Mietskasernen, d. h. mit großen Mehrfamilienhäusern. Hier wohnen vor allem sozial benachteiligte Familien, von denen ein großer Anteil über einen Migrationshintergrund verfügt.

Die Kindertagesstätte „Villa Kunterbunt"

Gleich in der Nachbarschaft zur Einrichtung befindet sich eine Grundschule, in der die Kinder der „Villa Kunterbunt" in aller Regel eingeschult werden. Seit einigen Jahren gibt es in dem Bundesland, in dem sich die Kindertagesstätte befindet, einen Bildungsplan für den Elementarbereich.

Neben den Gruppenräumen können die Kinder die Bewegungshalle zum Toben nutzen, soweit sie nicht für Aktivitäten reserviert ist. Ein Nebenraum wurde zum „Forscherraum" umgewandelt und enthält viele Materialien, Vorrichtungen und einige Tische, die für eine kleinere Gruppe von Kindern Experimente sowie eigenständiges Forschen und Entdecken ermöglicht. In der Eingangshalle ist zudem eine gemütliche Leseecke eingerichtet. Projekte sind fester Bestandteil der pädagogischen Arbeit. Sie finden sowohl in den einzelnen Gruppen als auch einrichtungsweit statt.

Der Tagesablauf ist strukturiert und soll den Kindern eine Orientierung geben.

Der Tagesablauf in der „Villa Kunterbunt"

- 7:00–8:00 Uhr Frühdienst
  Die ersten Kinder treffen sich alle im Gruppenraum der Fuchsgruppe.

- Ab 8:00 Uhr sind alle Gruppenräume geöffnet.
  Bis 8:30 Uhr kommen die letzten Kinder der Vormittagsgruppen dazu.

- 8:00–10:00 Uhr Freispielzeit
  In dieser Zeit entscheidet das Kind selbstständig, was es tun will hinsichtlich des Spielmaterials, des Spielpartners, des Spielortes in seiner Gruppe bzw. in den anderen Räumen (Halle, Forscherraum, Leseecke) und der Dauer seines Spieles.

- 8:30 Uhr Morgenkreis
  In allen Gruppen findet zur Begrüßung ein Morgenkreis in der Freispielzeit statt.

- 10:00–10:30 Uhr Frühstück
  In gemütlicher Atmosphäre frühstücken alle zusammen.

- *10:30 Uhr gezielte Angebote*
  Zu den unterschiedlichen Bildungs- und Lernbereichen und passend zum Gruppenthema werden von den Fachkräften geplante Angebote durchgeführt. Gegebenenfalls besteht hier auch Gelegenheit, am Projektthema zu arbeiten.

- *11:30 Uhr Spiel im Garten (Außengelände)*
  Im Garten haben die Kinder die Möglichkeit, unter anderem ihrem Bedürfnis nach Bewegung nachzugehen.

- *12:30–13:00 Uhr Abholzeit*
  Die Kinder, die nicht zum Mittagessen im Kindergarten bleiben, werden in dieser Zeit abgeholt.

- *12:30 Uhr Mittagessen für die „Mittagskinder"*

- *13:00–14.00 Uhr Mittagszeit sowie Nachmittagsbringzeit*
  In der Mittagszeit haben die Kinder der Ganztagsgruppen Zeit zum Ausruhen und Kräftesammeln. Die Nachmittagskinder werden gebracht und gehen in ihre Gruppen.

- *14:00–16:30 Uhr Nachmittag im Kindergarten*
  Freispielzeit und gezielte Angebote (siehe „gezielte Angebote" am Vormittag)

- *16:30 Uhr Spiel im Garten (Außengelände) und Abholzeit*

- *17:00 Uhr Ende des Kindergartentages*

Beispiele: Das Dino-Projekt und das große Frühjahrsprojekt „Einkaufszentrum ‚Villa Kunterbunt'"
In den folgenden Ausführungen wird auf zwei konkrete Projekte beispielhaft Bezug genommen. Zum einen handelt es sich um ein gruppeninternes Projekt der Eulengruppe, in dem es um Dinosaurier gehen wird. Zum anderen steht das große Frühjahrsprojekt „Einkaufszentrum ‚Villa Kunterbunt'" im Mittelpunkt.
Im Rahmen der exemplarischen Ausschnitte der Projektverläufe in der „Villa Kunterbunt" werden auch Gespräche zwischen pädagogischen Fachkräften und Kindern bzw. zwischen den Kindern untereinander beschrieben. Natürlich verläuft ein solches Gespräch mit Mädchen und Jungen im Alter von drei bis sechs Jahren in aller Regel viel lebendiger und turbulenter als dargestellt. Möglicherweise fallen sich die Kinder gegenseitig ins Wort, sind die Sätze nicht so klar formuliert usw. Aber hier geht es um die Veranschaulichung fachlicher Zusammenhänge und darum, einen möglichen Ablauf exemplarisch darzustellen. Daher sei eine etwas kürzere und auf die wesentlichen Aspekte beschränkte Darstellung von Gesprächsverläufen erlaubt, die vielleicht nicht immer in allen Einzelaspekten realitätsnah erscheinen mag.

Projekte fallen nicht vom Himmel und ihr Verlauf ist auch nicht urwüchsig. Gute Projekte sind das Resultat vielfältiger didaktischer Überlegungen, die zu einer aufeinander aufbauenden Schrittfolge im Vorgehen führen, ohne dabei den Verlauf in ein enges Korsett zu stecken. In der Fachdiskussion und auch in der Praxis der Kindertagesstätten wurde eine Abfolge von Phasen entwickelt, die sich an den Grundgedanken projektorientierten Handelns und Lernens orientiert und sich vielerorts bewährt hat. Wenn die Begriffe und Bezeichnungen auch variieren, so zeigen sich übereinstimmend an vielen Stellen folgende Schritte:

- Projektinitiative
- Projektplanung und Projektvorbereitung
- Projektdurchführung und Projektpräsentation
- Projektdokumentation und Projektevaluation

Jeder einzelne dieser Schritte hat seine eigenen pädagogischen Herausforderungen, die in den nächsten Kapiteln im Einzelnen thematisiert und für die Lösungsvorschläge angeboten werden. Natürlich geben diese Vorschläge für das Vorgehen nur eine Orientierung und lassen viele Spielräume für situationsorientiertes und flexibles Handeln.

Die *Projektinitiative* stellt die Weichen für ein Projekt. Hier geht es in erster Linie um die Auswahl des Themas, mit dem sich das Projekt befassen soll. Damit wird eine pädagogisch wichtige Entscheidung darüber getroffen, mit welchen Inhalten sich die Jungen und Mädchen einer Kindertagesstätte beschäftigen werden und – damit oftmals eng verbunden – auf welche Art und Weise dies geschehen soll. So führt ein Projekt mit dem Thema „Alte Gebäude in unserer Innenstadt erkunden" dazu, dass sich die Kinder mit Architektur und geschichtlichen Fragen befassen. Es ist naheliegend, wenn hierzu Erkundungen außerhalb der Einrichtung geplant werden. Geht es um „Alles rund ums Wasser", stehen vielleicht eher experimentelle Vorgehensweisen in Kleingruppen oder die spielerische Auseinandersetzung mit Wasser im Freispiel – im Sommer am besten draußen – im Vordergrund. Damit liegt jeweils eine andere didaktisch-methodische Grundausrichtung vor. Mit der Themensuche und -findung, die gemeinsam von den erwachsenen Fachkräften mit den Kindern vorgenommen wird, ist zudem auch der motivierende Einstieg in das Projekt verbunden. Die Kinder werden damit auf das vorbereitet, womit sie sich in den nächsten Tagen oder Wochen beschäftigen und auseinandersetzen werden.

In der Phase der *Projektplanung und Projektvorbereitung* gilt es nun, diese didaktisch-methodische Grundrichtung zu konkretisieren und genauer festzulegen, welche Inhalte, Gegenstände, Materialien, Forschungsfragen usw. geeignet erscheinen, um sich mit dem Projektthema auseinanderzusetzen. Damit ist die didaktisch zentrale Frage nach den Inhalten des Lernens gestellt. Gleichzeitig muss in den Planungen auch überlegt werden, „wie" das Lernen und Handeln vonstatten gehen soll, einer zweiten didaktisch relevanten Fragestellung nach den Methoden und didaktischen Formen. Und drittens gilt es, parallel darüber nachzudenken, „wozu" sich die Kinder mit dem Projektthema und den daraus hervorgehenden Inhalten und Fragen befassen sollen. Welche Ziele sind also damit verbunden? Welches Wissen, welche Fertigkeiten, welche Kompetenzen sollen die Kinder sich im Rahmen des Projektes aneignen?

Alle didaktisch zielführenden Planungen müssen entwicklungspsychologisch begründet sein, d. h., sie müssen sich an den Bedingungen des frühkindlichen Lernens orientieren (siehe Kapitel 1.2.2 „Wie Kinder im Kindergartenalter lernen", S. 17) und die Rahmenbedingungen der Einrichtung berücksichtigen. Vor allem die Beteiligung und Mitwirkung der Kinder ist dabei ein zentrales Merkmal der Projektmethode. Zu den Projektvorbereitungen gehören außerdem die organisatorischen Überlegungen, die vor allem von den pädagogischen Fachkräften im Auge behalten werden müssen.

Sind die Planungen soweit abgeschlossen, kann das Projekt beginnen. Die *Projektdurchführung und Projektpräsentation* umfassen vielfältige Aktivitäten, in denen Kinder und Fachkräfte eine Lerngemeinschaft bilden. Auch wenn die Planung eine gewisse Orientierung gibt, bleibt der Verlauf flexibel, was vor allem an der Mitgestaltung durch die beteiligten Mädchen und Jungen liegt. Deren Interessen und im Projektverlauf neu entstehende Fragen können den Lern- und Bildungsprozessen immer wieder eine neue Richtung geben; es kann daher jederzeit notwendig sein, von Vorplanungen abzuweichen. Wichtig ist, dass die Lernprozesse der Kinder im Projekt durch den Dialog, durch Aushandlungs- und Reflexionsprozesse mit den pädagogischen Fachkräften begleitet werden.

Kinder befassen sich in verschiedenen Projekten mit unterschiedlichen Themen.

Zu dieser Phase gehört auch die Präsentation der Ergebnisse, die es den nicht beteiligten Kindern der Einrichtung ermöglicht, sich ein Bild von dem zu machen, was im Rahmen des Projektes gelaufen ist. Gleichzeitig werden auf diese Weise das pädagogische Team der Einrichtung, die Eltern und auch die Öffentlichkeit informiert. Damit erfährt ein Projekt seinen Abschluss und gleichzeitig einen Höhepunkt. Nicht zuletzt macht es die beteiligten Mädchen und Jungen stolz, wenn sie ihre Projektergebnisse zeigen können, und schafft so Motivation für weitere Vorhaben.

Als letzter Schritt ist der Verlauf des Projektes bzw. sind die erreichten Ergebnisse und Produkte zu dokumentieren. Gleichzeitig soll ein reflektierender Blick zurück zeigen, was alles geschafft wurde und was beim nächsten Mal vielleicht anders oder besser gemacht werden kann. Daher gehören ebenfalls die *Projektdokumentation und Projektevaluation* zu jedem Projekt dazu.

Projekte sind didaktisch begründete Lernsituationen für Jungen und Mädchen in einer Kindertagesstätte, deren Ablauf durch eine logische Folge von Phasen gekennzeichnet ist, die auf einer fachlich begründeten Planung und Begleitung durch die pädagogischen Fachkräfte beruhen. Zugleich ist der Verlauf des Projektes flexibel zu gestalten, um den Fragen und Bedürfnissen der Kinder immer wieder Raum zu geben.

Aufgaben zu den Themen des Kapitels 2.1 finden Sie im Online-Material. Im Zusatzmaterial 6 finden Sie die Phasen im Projekt und in Zusatzmaterial 7 die Situationsbeschreibung der Kindertagesstätte „Villa Kunterbunt". Ein Video über den Verlauf des Projekts „Kid's Park – Kasimirs Backstube" finden Sie als Beispiel und Anregung im Internet.

2.2 Projektinitiative

„Nichts auf der Welt ist so stark wie eine Idee, deren Zeit gekommen ist."

(Victor Hugo, Schriftsteller, 1802–1885)

2.2.1 Projektthemen entdecken und sammeln

Jedes Projekt hat ein Thema. Es beginnt immer damit, dass dieses Thema gefunden werden muss. Im Mittelpunkt eines Projektes kann beispielsweise ein Gegenstand stehen, es kann sich auf ein oder mehrere Lebewesen beziehen, auf einen Sachverhalt, eine Forschungsfrage oder einen Ort zur Grundlage des Lernens und Handelns machen. Die Titel muten dabei manchmal eher konventionell an wie „Zirkusprojekt", „Schneckenprojekt", „Kunstausstellung" oder „Naturerforschung im Wald", können aber auch kreative Formen annehmen wie „Kultunaria-Fit" – hier geht es um den Aufbau von Geschäften durch die Kinder zum Thema „Kultur, Ernährung und Bewegung" – oder „Architek-Touren mit Kindern" – hier erkunden Kinder ausgewählte Gebäude bzw. Einrichtungen aus dem städtischen Nahbereich der Kindertagesstätte (vgl. Fthenakis u. a., 2009a).

Gleichgültig welche Überschrift im Einzelnen gewählt wird, wichtig ist, dass das Thema an den Interessen und Fragen der Kinder anknüpft. Gerade bei Kindern im frühen Alter ist dies unumgänglich, da sie im Gegensatz zu Schulkindern weniger in der Lage sind, ihre Aufmerksamkeit nachhaltig auf Dinge zu richten, die sie im Augenblick nicht gefangen nehmen. Allerdings ist es nicht schwierig, solche Themen und Inhalte zu finden, da Kinder in diesem Alter sehr neugierig sind und sich wissbegierig mit allem auseinandersetzen, was ihnen in ihrer Umgebung an Anschaulichem, Handgreiflichem und Neuem begegnet. In ihrem Umfeld innerhalb und außerhalb der Kindertagesstätte gibt es von daher sehr viele Dinge, Geschehnisse, Bauwerke, Erlebnisse, Personen usw., die ihr Interesse wecken und die als Thema für Projekte herangezogen werden können. Wichtig ist, dass sie dem frühkindlichen Lernen entgegenkommen, also anschaulich und lebensnah sind, sowie spielerische und ganzheitliche Zugänge ermöglichen und Raum geben zum selbsttätigen und praktischen Handeln der Kinder (vgl. Kapitel 1.2.2 „Wie Kinder im Kindergartenalter lernen", S. 17).

Die elementarpädagogischen Fachkräfte einer Einrichtung müssen also nur die Augen offen halten und schauen, welche Fragen die Kinder bewegen, worauf sich ihre Neugierde richtet und womit sie sich gerade intensiv befassen. In einem ersten Schritt gilt es, diese Inhalte, Fragen und Objekte als mögliche Projektthemen zu erkennen und festzuhalten.

Die Themen werden gesammelt, um sie mit den Kindern gemeinsam auszuwerten und so einen Projektgegenstand zu bestimmen, mit dem sich dann alle Kinder oder ein Teil von ihnen länger befassen wollen. Allerdings hört sich das einfacher an, als es ist. Vor allem besteht die Gefahr, dass die Erwachsenen zu sehr aus ihrer Perspektive auf die Geschehnisse und Dinge schauen und dabei die Sichtweise der Kinder ausblenden. Manche Kinder erzählen zudem nicht laut und für die Fachkräfte oder die anderen Kinder vernehmbar, was sie gerade bewegt. Deshalb ist es wichtig, die Aufmerksamkeit auf jeden einzelnen Jungen und jedes einzelne Mädchen zu richten und deren Fragen, Wünsche und Interessen zu erfassen. Eine geeignete Methode, sich darüber Aufschluss zu verschaffen, ist die Beobachtung.

Kinder beobachten

Das Beobachten gehört zu den elementaren Aufgaben pädagogischer Fachkräfte in Kindertagesstätten. Da die Gestaltung frühkindlicher Lern- und Bildungsprozesse stark an den Interessen und Fragen der Kinder orientiert ist, ist es ungemein wichtig zu erfassen, auf welche Dinge, Sachverhalte und Geschehnisse sich die kindliche Aufmerksamkeit richtet.

Beobachtung im Kindergarten meint die bewusste und geplante Wahrnehmung und Erfassung des Verhaltens und Erlebens von Kindern in relevanten Situationen.

Das Verhalten der Kinder zu beobachten, erscheint gerade bei der Themenfindung von Projekten unumgänglich. Gerd E. Schäfer unterscheidet dabei zwischen der Beobachtung mit gerichteter und der mit ungerichteter Aufmerksamkeit (vgl. Schäfer, 2005, S. 165 ff.).

Die gerichtete Beobachtung zielt auf vorher konkret festgelegte Verhaltensweisen und Verhaltensbereiche. Im Hinblick auf diesen Schwerpunkt gilt es festzustellen, welche Unterschiede zwischen tatsächlichem Verhalten und den Verhaltenserwartungen der Eltern oder der Fachkräfte auf der Grundlage wissenschaftlich begründeter Erkenntnisse der Entwicklungspsychologie vorliegen. Ziel ist es dann, individuell bezogen auf das konkrete Kind Entwicklungs- und Lernprozesse zu beschreiben und zu unterstützen, um gegebenenfalls Entwicklungs- bzw. Bildungsrückstände auszugleichen oder aber auch Stärken zu festigen. Im Vordergrund steht also die individuelle Persönlichkeitsentwicklung. Dazu dienen eine Vielzahl von Beobachtungsbögen und Beobachtungsmethoden, von Einschätzskalen und anderen theoretisch mehr oder weniger abgesicherten Beobachtungsinstrumenten.

Hierbei hat sich in den letzten Jahren ein Paradigmenwechsel vollzogen, der von der defizitorientierten hin zur ressourcenorientierten Beobachtung geht. So sollen bei der gerichteten Beobachtung in erster Linie Stärken und Chancen erkannt und nicht nur Fehler und Rückstände fokussiert werden (vgl. Jaszus u. a., 2014, S. 216 f.).

Auch wenn diese Form der gerichteten Beobachtung Hinweise auf die Interessen und Fragen einzelner Mädchen und Jungen geben kann, liefert vor allem die Beobachtung mit ungerichteter Aufmerksamkeit wichtige Aufschlüsse über die Themen in einer Kindergartengruppe. Diese gilt es dann in Projekten aufzunehmen und zur Auseinandersetzung anzubieten.

Schäfer (2011, S. 297 f.) hält dazu fest:

> „Zum Erfassen kindlicher Bildungsprozesse (…) wird ein ungerichtetes Beobachten benötigt. Der Begriff enthält zwei Gedanken. Zum einen geht es um die Vielperspektivität: Der Beobachter will nichts Bestimmtes wissen, sondern er ist bereit, möglichst vieles wahrzunehmen, was Kinder indirekt oder direkt über sich, ihre Erlebnisse und Gedanken mitteilen. (…) Zum anderen meint der Begriff eine Aufmerksamkeit für das Unerwartete. Ungerichtetes Beobachten versucht all das zu erfassen, was die Aufmerksamkeit des Wahrnehmenden erregt. Es ist für Überraschungen offen."

Mit dieser Grundhaltung lassen sich Themen, Inhalte, Fragen und Probleme erkennen, die für die Kinder und deren Lernprozesse relevant sind. Sie gilt es festzuhalten und das bedeutet ganz banal, sie zu notieren. Nur so stehen sie für weitere Überlegungen im Team zur Verfügung. Zugleich gelingt es auf diese Weise auch besser, die stillen Kinder mit ihren Themen im Blick zu behalten. Hilfreich sind hierbei einfache Beobachtungsbögen, die ohne viel Aufwand regelmäßig geführt werden können.

Im Zusatzmaterial 8 finden Sie einen Beobachtungsbogen, der als Grundlage für die Entdeckung und Sammlung von Projektthemen dienen kann.

Kinder befragen

Neben Einsichten aus den Beobachtungen der Kinder kann eine Erzieherin oder ein Erzieher als weitere Informationsquelle diese selbst befragen. Natürlich muss das kindgerecht geschehen und schrittweise eingeführt werden. So bietet es sich an, Mädchen und Jungen einer Gruppe oder einer Teilgruppe, etwa die „Schulkinder", in Form einer „Kinderkonferenz" oder im Sitzkreis zu fragen und auf diese Weise Ideen und Anregungen für Projektthemen zusammenzutragen. Wichtig ist hierbei, dass den Kindern klar ist, worum es geht, nämlich darum zu überlegen, welche Dinge oder Fragen im Rahmen eines Projektes in der nächsten Zeit verfolgt werden sollen. Dazu sind eigene Erfahrungen der Kinder mit Projekten hilfreich und damit, sich über einen längeren Zeitraum gemeinsam mit einem Thema zu befassen.

Kinderkonferenzen stellen eine Form der Beteiligung von Kindern an den Prozessen und der pädagogischen Arbeit in einer Kindertagesstätte dar. Sie finden in aller Regel als Vollversammlung der Jungen und Mädchen einer Kindertagesstättengruppe, oder seltener der gesamten Einrichtung, statt. Dabei geht es vor allem darum, den Kindern zu ermöglichen, ihre Bedürfnisse, Wünsche, Ideen, Kritik und Anregungen bei relevanten Themen einzubringen. So fühlen sie sich als Partner wahrgenommen, entwickeln Verantwortungsgefühl und Gemeinschaftssinn. Dies stärkt zudem ihr Selbstwertgefühl und Selbstbewusstsein. Sie üben sich darin zu argumentieren, eine eigene Meinung zu bilden und zu vertreten und auf diese Weise an Entscheidungsprozessen mitzuwirken (siehe Kapitel 1.3.6 „Bildung und Partizipation", S. 44).

Kinderkonferenz

Als weitere, sehr anschauliche Methode der Befragung kann eine Wandtafel – etwa im Eingangsbereich – herangezogen werden, an der die Kinder aus den einzelnen Gruppen mithilfe bereitliegender Materialien wie Zeitungen, Fotos, Bilder, Stifte usw. ihre Ideen dokumentieren können. Ähnlich funktioniert ein Ausstellungstisch im Gruppenraum, auf dem die Kinder Fotos oder Gegenstände wie z. B. einen Schnuller, ein Gipsbein oder ein Vogelnest legen, um auf Dinge oder Themen hinzuweisen, mit denen sie sich mehr und intensiver befassen wollen (vgl. Stamer-Brandt, 2010, S. 52).

Die pädagogischen Fachkräfte müssen hierbei darauf achten, dass

- die Kinder genau darüber informiert sind, wozu diese Ideen gesammelt werden,

- die ausgelegten Materialien nicht eine bestimmte Richtung vorgeben (z. B. nur Bilder zu Naturthemen, sodass Technikthemen, Sport oder soziokulturelle Inhalte nicht genügend vorkommen),

- die Ideen mit den Kindern besprochen werden und

- die später nicht in Projekten umgesetzten Ideen und Anregungen aus dem Kinderalltag nicht völlig verschwinden, sondern eine wertschätzende Aufnahme in anderen pädagogischen Aktionen finden.

Das Befragen der Mädchen und Jungen bietet zudem gute Gelegenheiten zu lernförderlichen Interaktionen zwischen erwachsener Bezugsperson und Kind bzw. der Kinder untereinander. Dabei ist auf eine gute und Vertrauen stiftende Gesprächsatmosphäre zu achten. So sind offene Fragen günstig. Die Fachkraft kann mit ihrem Involvement die Kinder motivieren, sich in die gemeinsamen Überlegungen mit einzubringen.

Eltern fragen und das Gemeinwesen mit einbeziehen

Nicht nur Kinder haben Ideen. Auch Eltern können wichtige Anregungen aus den Beobachtungen ihrer Töchter und Söhne beisteuern oder eigene Vorschläge einbringen. Von daher ist es sinnvoll, sie zu befragen, sich ihre Projektideen zu notieren oder ihnen die Möglichkeit zu geben, Vorschläge für Projekte z. B. auf einem Wandplakat zu vermerken. Genauso interessant sind aber die Dinge, die die Väter, Mütter, Großeltern oder andere Verwandte bei der Durchführung von Projekten aktiv beisteuern können. Wenn etwa ein Vater Baggerfahrer ist, die Großeltern einen landwirtschaftlichen Betrieb haben oder eine Mutter als Köchin in einem italienischen Lokal arbeitet, lassen sich daraus Themen für Projekte (und zugleich viele Ideen für die Realisierung) ableiten.

Auch ein Blick in das Umfeld der Einrichtung kann helfen. Man spricht dabei vom „Gemeinwesen" und meint damit eine räumliche Einheit wie eine Wohnsiedlung, einen Stadtteil oder eine Gemeinde. So kann eine Altstadt zu Erkundungsprojekten animieren, unterschiedliche Dienstleistungs-, Industrie- oder Handwerksbetriebe zur Auseinandersetzung mit Berufen anregen oder es können Feuerwehr, Polizei, Rathaus, Försterei usw. besucht werden. Die Vertreter dieser Institutionen lassen sich natürlich auch in den Kindergarten einladen. Dazu lassen sich weiterführende Ideen gut in Form eines Brainstormings im Team sammeln und anschließend diskutieren.

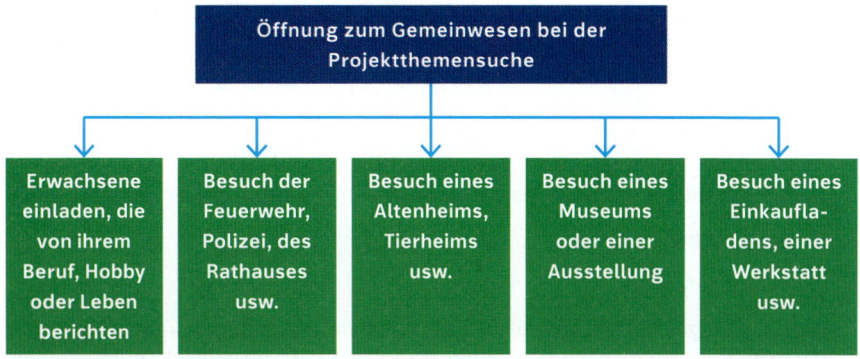

Öffnung zum Gemeinwesen bei der Projektthemensuche				
Erwachsene einladen, die von ihrem Beruf, Hobby oder Leben berichten	Besuch der Feuerwehr, Polizei, des Rathauses usw.	Besuch eines Altenheims, Tierheims usw.	Besuch eines Museums oder einer Ausstellung	Besuch eines Einkaufladens, einer Werkstatt usw.

Möglichkeiten der Öffnung zum Gemeinwesen im Rahmen von Projekten

Elementarpädagogische Fachkräfte bringen Themen ein

Natürlich können auch die Fachkräfte einer Kindertagesstätte Projektthemen beisteuern. Manchmal ergibt sich im Austausch mit Kolleginnen und Kollegen eine Idee oder die Erkenntnis, dass ein bestimmtes Thema „dran" sei. Wichtig ist, dass sie hierbei ihre Vorschläge neben die der Kinder stellen und möglichst neutral mit ihnen gemeinsam entscheiden, welche Inhalte weiterverfolgt werden sollen.

Mitunter werden auf diese Weise solche Themen beigesteuert, die ansonsten eher nicht in die engere Wahl kämen. So können das Wegwerfen von Lebensmitteln, die Streitigkeiten um beliebtes Spielzeug oder das fremd anmutende Verhalten der Mädchen und Jungen anderer kultureller Herkunft wichtige, sowie für die Kinder und deren Bildungsprozesse relevante Angelegenheiten sein, die eine Auseinandersetzung im Rahmen eines Projektes lohnen. Dabei handelt es sich um Fragen, die eher nicht aus den Interessen und Bedürfnissen der Kinder hervorgehen. Hierfür muss dann gegebenenfalls etwas geworben und z. B. über eine vorgelesene Geschichte im Sitzkreis, einen Ausstellungstisch oder einen kurzen Film die Aufmerksamkeit und Neugierde der Kinder geweckt werden. Die Fachkräfte müssen dabei sensibel vorgehen und von eigenen Themen lassen, wenn sie bei den Kindern im Moment nicht „zünden". Vielleicht ergibt sich dazu später noch einmal eine Gelegenheit.

Bildungspläne berücksichtigen

Die Bildungspläne für den Elementarbereich bieten ebenfalls vielfältige Möglichkeiten, Projektthemen zu entdecken (vgl. Dieterich/Schaumlöffel, 2013). So enthalten die Ausführungen zu den einzelnen Bildungsbereichen häufig Anregungen, um bestimmte Themenfelder pädagogisch zu bearbeiten oder eine neue Perspektive auf ein Thema zu werfen. Wenn etwa das Einkaufen Gegenstand eines Projektes sein soll, kann dies unter verschiedenen Blickwinkeln betrachtet werden. Vielleicht finden sich in dem betreffenden Bildungsplan Hinweise, dabei im Sinne mathematischer Bildung die Verwendung von Geld beim Bezahlen, das Zählen und Ordnen von

Waren usw. in den Vordergrund zu stellen oder im Kontext kultureller Umwelten die Produktion von Waren, Warenkreisläufen usw.

Manchmal gibt es in einer Einrichtung auch „Lieblingsthemenfelder", aus denen häufig Projektthemen stammen. Dann kann es wichtig sein, sich ebenfalls andere Bildungsbereiche anzuschauen und diese als Herausforderung für eine breit angelegte Bildungsarbeit im Kindergarten zu verstehen.

„(...) Inhalte des Bereichs Natur

In westlichen Kulturkreisen wird mit Natur im Allgemeinen das bezeichnet, was nicht vom Menschen geschaffen wurde. In dieser Logik kann Natur als Gegenbegriff zu Kultur aufgefasst werden. Steine, Pflanzen, Tiere und Landschaft sind dabei natürliche Objekte, die belebt und unbelebt sind. Die Niagarafälle oder die Sächsische Schweiz z. B. werden als ein ‚Wunderwerk der Natur' betrachtet, denn der Mensch hat zu ihrer Entstehung nichts beigetragen. Erde, Luft, Wälder, Wiesen, das Wetter sind Dinge, die der Mensch nicht geschaffen hat, die jedoch sein Leben beeinflussen und die er durch sein Tun verändern kann.

Wasser zum Beispiel ist in vielerlei Hinsicht überlebensnotwendig und birgt unter und über seiner Oberfläche auch merkwürdige Phänomene wie Fische, Muscheln, Eisschollen, Schiffswracks und vieles mehr, was zum Entdecken und Erforschen einlädt. Aber auch das Wasser an sich, seine unterschiedliche Konsistenz, Lichtreflexionen im Wasser, spiegelglatte oder gekräuselte Wasseroberflächen sprechen den visuellen Sinn von Kindern an. Wenn Wasser in Verbindung mit anderen Elementen wie Sand erfahren wird, zum Beispiel wie beim Kleckerburg bauen, spricht das den haptischen Sinn an, ermöglicht aber auch grundlegende physikalische Erfahrungen, denn die Konsistenz von Wasser und Sand verändert sich, wenn beide Elemente aufeinander treffen. Ist die Kleckerburg fertig und steht einen Tag in der Sonne, ohne wieder mit Wasser in Berührung zu kommen, dann trocknet sie aus, fällt in sich zusammen und wird wieder Sand in seiner gewohnten, krümeligen Struktur. So ist der Kreislauf komplett. Andere physikalische Probleme kommen hinzu, wenn in einem Wasserprojekt Fragen auftauchen, die z. B. auch die Schwerkraft betreffen („Kann Wasser hochfließen?", „Was kann das Wasser tragen?").

Das Anlegen eines Wetterkalenders, an dem Temperaturen, Sonnenscheindauer, Wind und Niederschlag abgelesen werden können, gibt ebenso Einblicke in natürliche Kreisläufe, wie das Beobachten des Mondes, von Schatten, Hagelkörnern, Schneeflocken und Nebel. Maikäfer können beobachtet werden, die Farben des Regenbogens, das Wachstum des eigenen Körpers usw. Die Beschäftigung mit der Natur betrifft also zum einen die Wahrnehmung von Dingen und Phänomenen aus der Natur, zum anderen enthält sie jedoch auch Chancen, Vorgänge auf Grundlage biologischer, physikalischer und/oder chemischer Erkenntnisse zu erklären. Dabei sind Mädchen und Jungen und Erzieher/innen zunächst aufgefordert, eigene Erklärungen (Hypothesen) zu finden und diese zu überprüfen."

(Auszug aus dem „Sächsischen Bildungsplan", 2.5 Naturwissenschaftliche Bildung, Sächsisches Staatsministerium für Kultus, 2011, S. 118 f.)

Die Bildungspläne enthalten umfassende und vielfältige Bildungs- und Erziehungsziele und geben damit mannigfaltige Anregungen für mögliche Themen und Inhalte, die sich für Projekte eignen können. Dabei kann nicht oft genug betont werden, dass es sich nicht um *Lehrpläne* handelt, die es abzuarbeiten gilt. Textor (2009, o. S.) macht auf diese Gefahr aufmerksam, die es unbedingt zu vermeiden gilt:

> „Inzwischen ist auch eine Tendenz zur *Verschulung der frühkindlichen Bildung* festzustellen: In manchen Kindertageseinrichtungen werden die in den Bildungsplänen genannten Bildungsbereiche wie Schulfächer behandelt und nacheinander abgearbeitet (‚Scheibchen-Pädagogik'). So gibt es mancherorts schon richtige ‚Stundenpläne'."

(Textor, 2008)

Themensammlung im Team

Es gibt mannigfache Wege, Projektthemen zu entdecken. Hier gilt es, die Augen offen zu halten und die Möglichkeiten zu nutzen, gute Ideen zu erfassen.

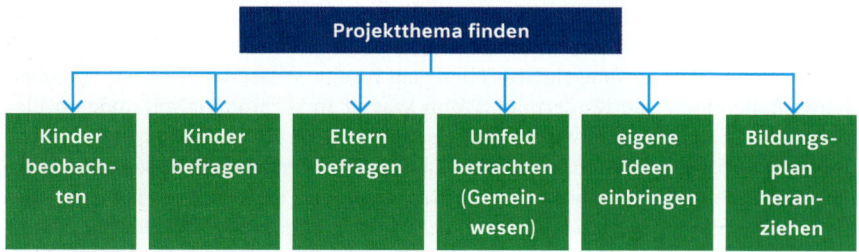

Wege zur Findung eines Projektthemas

Manchmal gehören regelmäßige Projekte zum festen pädagogischen Angebot einer Kindertagesstätte und wurden in das Konzept der Einrichtung aufgenommen. Dann ist der Prozess der Sammlung möglicher Projektthemen häufig institutionalisiert und die Projektideen aus den unterschiedlichen Quellen werden regelmäßig notiert sowie in Team- oder Dienstbesprechungen vorgestellt und erörtert. Sie bilden die Grundlage bzw. das Reservoir möglicher Projektideen, die in der Einrichtung oder Kindergartengruppe im weiteren Verlauf zur Auswahl stehen.

Beispiel: Dino-Projekt

Manchmal liegen Projektthemen unmittelbar auf der Hand. So hatte sich kurz nach den Sommerferien auf einem Spaziergang einiger Kinder mit der Erzieherin der Eulengruppe, Katharina Sommer, ein Gespräch über Dinosaurier ergeben. Hier zeigte sich, dass vor allem einige Jungen über sehr viel Wissen zu den frühgeschichtlichen Echsen verfügten. Als die Erzieherin davon berichtete, sie habe eine Ausstellung im paläontologischen Museum der

Stadt besucht und dort versteinerte Knochen „echter" Dinosaurier gesehen, waren die Kinder sofort Feuer und Flamme und wollten ebenfalls dorthin. Nach der Rückkehr in der Einrichtung begaben sich einige sofort in die Leseecke und schauten sich die Bilderbücher über Dinosaurier an. Die Kinder tauschten sich darüber aus und fragten Katharina Sommer immer wieder, wie denn die „versteinerten" Tiere ausgesehen hätten, was das überhaupt bedeute, dass sie jetzt aus Stein seien, wie lange das eigentlich her sei, dass es Dinosaurier gegeben habe usw.

Das Interesse hielt einige Tage an und immer wieder fragten die Kinder nach dem Museum oder brachten von zu Hause Dinos aus Kunststoff mit und sogar echte Fossilien, die sie im letzten Urlaub entdeckt hatten. Die Eltern berichteten ebenfalls, dass ihre Töchter und Söhne das Thema sehr spannend fänden. Daraufhin überlegt Katharina Sommer, ob sie nicht dem gegenwärtigen Interesse an Dinosauriern und an der Vorgeschichte im Rahmen eines Projektes Raum geben sollte, in das sie den Besuch des paläontologischen Museums integrieren könnte. Sie tauscht sich mit ihrem Kollegen Sven Winter, der Zweitkraft der Eulengruppe, darüber aus. Dieser berichtet, dass er gerade im Bildungsplan ihres Bundeslandes geblättert und diesbezüglich interessante Anknüp-

Themenfindung auf dem Spaziergang

fungspunkte im Bereich naturwissenschaftlicher, aber auch mathematischer Bildung gefunden habe. So ginge es dabei ja um Lebewesen und damit um Naturphänomene. Auch die Versteinerungen, die Knochen, die Fossilien verweisen auf den Bereich Natur. Die Frage der Geschichte bzw. der Urgeschichte gehört in den Zusammenhang der Zeit und damit zur mathematischen Bildung. Was früher, viel früher usw. bedeutet, was vorher und nachher heißt, sind ja durchaus mathematische Themen.

Sie sind sich schnell einig, dass der Gegenstand „Dinosaurier" in einer Weise präsent ist und die Wissbegierde der Kinder anregt, dass er sich gut als Projektthema nutzen lässt. Da beide Fachkräfte der Eulengruppe Museen faszinierend finden und Sven Sommer sich schon als Kind für die Vor- und Frühgeschichte interessiert hat, kann jeder seine eigenen Ideen mit einbringen. Dabei zeigt sich, dass es günstig ist, im unmittelbaren Umfeld der Einrichtung ein geeignetes Museum der Paläontologie zu haben und damit ein wichtiges Kernelement des sich nun andeutenden Projektes. Auch die Eltern bestätigen auf Nachfrage, dass ihre Kinder weiterhin am Thema „dran" sind.

Beispiel: Projekt „Einkaufszentrum"

Demgegenüber gibt es auch Projekte, deren Thematik sich nicht situativ-spontan ergibt, sondern bei denen die Themenfindung einen längeren Prozess darstellt. Das ist z. B. beim zweiten Projekt in der „Villa Kunterbunt" der Fall, das hier zur Veranschaulichung herangezogen werden soll.

In der Kindertagesstätte „Villa Kunterbunt" gibt es neben kleineren auch regelmäßig durchgeführte einrichtungsübergreifende Projekte für alle Gruppen, die einen wichtigen Bestandteil der pädagogischen Arbeit ausmachen. Dies ist ebenfalls in der Konzeption der Einrichtung festgehalten. Als Zeitraum für diese „großen" Projekte, wie sie im Team genannt werden, sind in aller Regel die Monate März bis Mai vorgesehen. So sprechen alle auch vom „großen Frühjahrsprojekt", das jeweils wechselnde Themen hat, aber immer zugleich über eine Schwerpunktsetzung in einem der Bildungsbereiche verfügt. Zum Beispiel stand im vergangenen Jahr die „kulturelle Bildung" im Vordergrund des Projektes „Andere Länder – unsere Welt ist bunt".

Während des „großen" Projektes befassen sich alle Gruppen in ihren Aktivitäten mit dem Projektthema, wobei es von Dienstag bis Donnerstag verschiedene Angebote für alle oder für einzelne Gruppen bzw. Kleingruppen gibt. Die Vorbereitung beginnt dabei schon im Herbst und dauert bis Weihnachten. Dies geschieht vor allem auf den Dienstbesprechungen sowie im „Projektteam". Hierbei handelt es sich um drei Erzieherinnen, die sich bereit erklärt haben, die Vorüberlegungen zu strukturieren, zu koordinieren und zu dokumentieren.

Das Team der „Villa Kunterbunt" beginnt schon früh damit, mögliche Projektthemen zu sammeln und zu notieren. Dazu wird genau beobachtet, womit sich die Kinder gerade beschäftigen und wofür sie sich interessieren. Gleichzeitig ist es fester Bestandteil der Morgenkreise im Herbst, die Kinder der einzelnen Gruppen nach Inhalten und Gegenständen zu fragen, die sie spannend finden, mit ihnen darüber ins Gespräch zu kommen und auf diese Weise zu erfahren, welche Fragen und Interessen sie bewegen. Auch die Eltern werden an der Themensammlung beteiligt.

2.2.2 Projektthema auswählen und festlegen

Sind mögliche Projektthemen gesammelt, geht es im nächsten Schritt darum, eines auszuwählen. Das sollte nicht im Team der Fachkräfte geschehen, sondern unter Beteiligung der Mädchen und Jungen der jeweiligen Kindergartengruppe oder Einrichtung. Nach unserem demokratischen Grundverständnis sollen Kinder möglichst früh lernen, eigene Entscheidungen zu treffen und die Verantwortung hierfür zu übernehmen. Dazu bietet sich beispielsweise die Auswahl eines Projektthemas an. Zusätzlich werden in diesem Prozess bei den Kindern Kompetenzen gefördert wie die Fähigkeit, eigene Interessen und Wünsche zu artikulieren, in einer Gruppe zu sprechen, anderen zuzuhören, Probleme zu diskutieren, Interessenkonflikte zu lösen, Entscheidungen zu treffen usw. Die Schritte der Themensammlung und -auswahl werden hier aus Darstellungsgründen voneinander getrennt und in ihren Teilschritten genau dargelegt. In der alltäglichen Praxis überlappen sie sich natürlich häufig und werden oft vernetzt vollzogen.

Je nachdem wie viele Themen vorliegen, sollte im Team eine Vorauswahl getroffen werden, bevor das Auswahlverfahren die Mädchen und Jungen einer Kindertagesstätte mit einbezieht. Damit vor allem jüngere Kinder den Überblick behalten und eine begründete Auswahl treffen können, erscheint es sinnvoll, nur eine Handvoll möglicher Projektthemen anzubieten.

Im Rahmen dieser Vorauswahl kann in einer ersten kritischen Überprüfung festgestellt werden, ob überhaupt alle gesammelten Projektideen geeignet erscheinen, um sie mit den Kindern weiter zu bearbeiten. Das geschieht im Rahmen einer Situationsanalyse. Die darauffolgende Auswahl des Themas mit den Kindern sollte von den elementarpädagogischen Fachkräften genau vorbereitet und moderiert werden.

Situationsanalyse

Eine Situationsanalyse der gesammelten Themen wird im gesamten mit dem Projekt befassten Team vorgenommen, damit möglichst viele Perspektiven und Aspekte genutzt werden können. Sie gibt erste wichtige Hinweise für eine weitere mögliche Ausgestaltung der einzelnen Projektideen. Eine solche Situationsanalyse befasst sich mit der Prüfung mindestens folgender Aspekte:

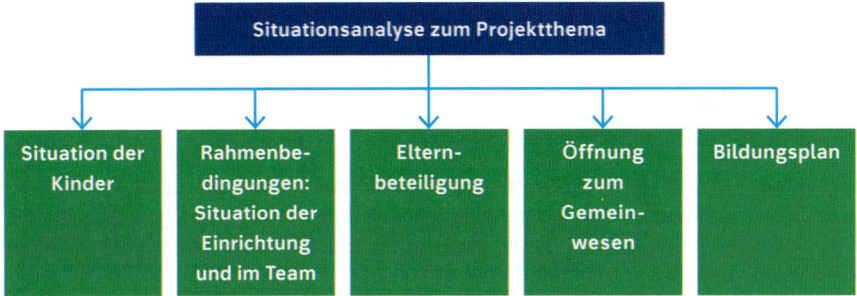

Kriterien einer Situationsanalyse zur Vorbereitung der Projektthemenauswahl

Ein wichtiger Beitrag des Situationsansatzes besteht darin, dass er in der Elementarpädagogik die Vorrangstellung der Situationen der Kinder fest verankert hat. Daher ist bei der Analyse möglicher Projektthemen vor allem die Perspektive des Kindes und seiner Weltaneignung zugrunde zu legen. Alle didaktisch-methodischen Überlegungen sollten sich an den Voraussetzungen und Situationsbedingungen der Kinder orientieren und daher von deren Fragen, Themen und Inhalten ausgehen. Dabei sind folgende Fragen bezogen auf die Situation der Kinder hilfreich (vgl. Günther, 2006, S. 51 f.):

- Was thematisieren die Kinder zurzeit?

- Welche Bedürfnisse werden spürbar?

- Welche Themen und Fragen sind für die Kinder von besonderem Interesse?

- Welche Themen sprechen welche Kinder an?

- Welche Themen sind besonders geeignet, um Kindern die Gelegenheit zu geben, ganzheitlich Kompetenzen auf- und auszubauen?

- Welche Themen geben den Kindern Gelegenheit zum emotionalen Erleben und zur handelnden Auseinandersetzung?

- Welche Anforderungen ergeben sich daraus für die Kinder?

Gleichzeitig muss auch geschaut werden, welche Rahmenbedingungen in der Kindertagesstätte bzw. in einer Gruppe vorliegen. Häufig legt das Konzept einer Einrichtung oder eines Trägers als schriftliches „Leitprogramm" wesentliche Grundvorstellungen der pädagogischen Arbeit fest, d. h., es macht Aussagen zu Zielen, Methoden, Erziehungsvorstellungen, räumlichen Angeboten usw. Damit müssen die möglichen Projektthemen natürlich abgeglichen werden. So muss ein Waldkindergarten bei der Themenwahl eine andere konzeptionelle Ausrichtung beachten als beispielsweise eine Kindertagesstätte, die Bewegung in den Mittelpunkt ihrer Arbeit stellt.

In diesem Zusammenhang spielen auch die Kompetenzen der pädagogischen Fachkräfte eine große Rolle. Sicherlich gibt es wenige Themen der Kinder, zu denen sie nichts beitragen könnten. Aber jeder hat seine eigenen Vorlieben und Stärken, die er oder sie einbringen möchte. Damit wird auch die Motivation und Freude am gemeinsamen Lernen und Handeln mit den Kindern gesteigert. Wenn Themen wie Fußball oder Traktoren vor allem von den Jungen neugierig verfolgt werden, im Team aber wenig Wissen, Erfahrung oder andere Bezüge dazu vorliegen – vielleicht sogar eher Unsicherheit bzw. Abwehr dadurch hervorgerufen wird –, dann sollte ein Projekt vor allem auf Experten von außen aufbauen.

In solchen Fällen – aber nicht nur in diesen – können Eltern oder andere Personen aus dem Gemeinwesen eine wichtige Rolle spielen. Sie können sich ebenfalls an den Projekten beteiligen. Zumindest können sie durch einen oder zwei Besuche in der Einrichtung wichtige Akzente und Impulse setzen. In jedem Fall sollte diese Möglichkeit im Rahmen der Situationsanalyse geprüft werden, um diese wichtige Ressource zu nutzen.

Wie schon gesagt, ist ein Bildungsplan nicht wie ein Lehrplan abzuarbeiten. Aber es macht Sinn, bei der Vorauswahl der Themen einmal zu schauen, ob ein Bildungsbereich vielleicht in der letzten Zeit etwas zu kurz gekommen ist. Dann könnte ein Inhalt oder ein Gegenstand berücksichtigt werden, der hier einen Ausgleich schafft. Allerdings sollte er nicht zusätzlich von den Erzieherinnen und Erziehern gesetzt werden, wenn er von den Kindern nicht angesprochen wird bzw. sich in ihren Fragen und Interessenbekundungen keine Anknüpfungspunkte dafür finden lassen.

Die vorangehenden Überlegungen zur Vorauswahl von Projektthemen im Team finden sich in folgender Aufstellung von Auswahlkriterien wieder und werden noch um weitere Aspekte ergänzt:

Kriterien für die Auswahl von Projektgegenständen bzw. -themen

- „Die Kinder zeigen großes Interesse am Gegenstand des Projektes oder er ist es wert, die Kinder dafür zu begeistern;

- der Gegenstand des Projektes ist in der Umgebung der Kinder direkt beobachtbar;

- die Kinder haben mit diesem Gegenstand bereits Erfahrungen gemacht;

- der Gegenstand des Projektes kann von den Kindern direkt erforscht werden;

- es lässt sich eine angemessene Eingrenzung des Gegenstandes vornehmen zwischen zu allgemeinem und zu speziellem Projektthema;

- es stehen in der Einrichtung genügend Ressourcen zur Beschäftigung mit dem Gegenstand zur Verfügung;

- der Gegenstand des Projektes lässt sich auf unterschiedliche und vielfältige Weise ausdrücken und bearbeiten, z.B. durch Rollenspiele, Konstruktionen, Bilder, usw.;

- die Eltern und das Umfeld der Einrichtung lassen sich am Projekt beteiligen;

- der Gegenstand des Projektes ist auf den sozialen und kulturellen Kontext der Einrichtung abgestimmt;

- bei der Auseinandersetzung mit dem Projektinhalt lassen sich die Basiskompetenzen von Kindern stärken;

- der Gegenstand des Projektes findet sich in den Bildungsbereichen der Bildungspläne wieder."

(Fthenakis u. a., 2009b, S. 157; vgl. Katz/Chard, 2000)

Kinder an Auswahl und Entscheidung beteiligen

Auf der Grundlage dieser Vorüberlegungen gilt es nun, zu einer Entscheidung zu kommen. Bei der Projektmethode steht die Beteiligung und Mitwirkung der Kinder im Vordergrund und deshalb entscheiden sie grundsätzlich im Sinne eines ko-konstruktiven Vorgehens bei der Auswahl des Projektthemas mit. Dies ermöglicht schon früh Erfahrungen mit Partizipation und somit auch mit den manchmal damit verbundenen mühseligen Aushandlungs- und Entscheidungsprozessen oder der Notwendigkeit zurückzustecken und sich Mehrheitsentscheidungen zu beugen.

Natürlich gilt es, diese Prozesse Schritt für Schritt einzuüben. Daher müssen Gesprächs- und Verhandlungsregeln mit den Mädchen und Jungen einer Kindertagesstätte besprochen und erprobt sowie Methoden der Entscheidungsfindung eingeführt sein. Die gemeinsame Beratung von Projektthemen und die Entscheidung für ein Thema, das im Projekt weiterverfolgt werden soll, können wieder in Form einer Kinderkonferenz oder im Sitzkreis stattfinden. Ist nur eine Kleingruppe wie etwa die „Schulkinder" angesprochen, verkleinert sich der Kreis, was die Entscheidungsfindung erleichtert. Mit einigen interessierten Fünf- und Sechsjährigen lässt sich dann durchaus im Gespräch eine Klärung bezüglich des Projektthemas herbeiführen. Wenn die gesamte Gruppe am Projekt mitarbeiten soll, müssen aber alle Kinder befragt werden. Das erfordert mehr Vorüberlegungen und bildliche Methoden, die einzelnen Vorschläge darzustellen und eine Abstimmung zu unterstützen. In altersgemischten Gruppen sind nämlich vor allem jüngere Kinder schnell überfordert, weil ihre Aufmerksamkeitsspanne noch gering ist.

Wichtig ist hierbei, dass die Themenformulierungen anschaulich und konkret sind, damit Kinder eine Vorstellung damit verbinden können und zum Handeln und Lernen motiviert werden. So kann ein Fünfjähriger sicherlich etwas mit Themen anfangen wie „Alte Gebäude in unserer Innenstadt erkunden", „Alles rund ums Wasser", „Welche Blumen wachsen in unserem Garten?" oder „Fahrzeuge auf der Baustelle", Themen wie „Gesunde Ernährung", „Medien" oder „Muster" würden ihn aber wenig ansprechen.

Der Auswahlprozess mit den Kindern beginnt mit der Vorstellung der möglichen Projektthemen. Die Präsentation der einzelnen Themen für eine komplette Einrichtung oder eine Kindergartengruppe kann jeweils auf unterschiedliche Fachkräfte aufgeteilt werden. Diese geben dabei jeweils mithilfe von Bildern, Gegenständen oder kurzen Filmen einige wenige Hintergrundinfos. Dann muss den Kindern die Gelegenheit gegeben werden, Fragen, Ideen, Anmerkungen und Bewertungen einzubringen. Nach einer nicht zu langen Phase der Diskussion sollte eine Entscheidung getroffen werden. Wenn sich diese noch nicht in den Äußerungen der Kinder eindeutig abzeichnet, kann ein einfaches, aber anschauliches Verfahren für die Auswahl angewendet werden. Mit einer Punktabfrage mit Klebepunkten, die jedes Kind einem Thema seiner Wahl zuordnen muss, kann ohne viel Aufwand ein Meinungsbild erfragt und eine Entscheidung getroffen werden. Alternativ dazu können sich die Fachkräfte, die jeweilig ein Projekt vorgestellt haben, in eine Ecke des Raumes stellen und die Kinder gehen gemäß ihrer Vorlieben in die jeweilige Ecke. Wichtig ist, dass die Entscheidung der Kinder ernst genommen wird, auch wenn die Fachkräfte den Prozess moderieren. Sie haben hier die Rolle der Ideenbegleiter und nicht die der Ideengeber.

„Alte Gebäude in unserer Innenstadt"

····· ··

„Alles rund ums Wasser"

·····

„Blumen in unserem Garten"

····

„Fahrzeuge auf der Baustelle"

·····

Beispiel: Projekt „Einkaufszentrum"

Während sich das „Dino-Projekt" in der Eulengruppe aus den unmittelbaren Fragen der Kinder ergeben hat, gestaltet sich die Themenfindung beim „großen Frühjahrsprojekt" etwas komplexer. In der „Villa Kunterbunt" gibt es für die Sammlung von Projektideen in der Eingangshalle eine Tafel, auf der die Eltern Ideen oder Anregungen für das Projekt im Frühjahr sowie mögliche Beiträge vermerken, die sie leisten möchten bzw. können. Da das „große Frühjahrsprojekt" einen wesentlichen Bestandteil der pädagogischen Konzeption ausmacht, soll auf diesem Weg auch die Bedeutung der Elternbeteiligung unterstrichen werden. Zugleich beobachten die Fachkräfte in den Gruppen, welche Themen und Fragen die Kinder bewegen. Es ist dann die Aufgabe des „Projektteams", mögliche Themen und Projektideen zu sammeln und zu gegebener Zeit in der regelmäßig stattfindenden Dienstbesprechung zu diskutieren. So wurde auch in diesem Jahr eine Reihe von Ideen gesammelt.

Auf einer Dienstbesprechung im Oktober geht es dann darum, eine Vorauswahl zu treffen. Dazu gilt es, auf der Grundlage einer Situationsanalyse etwa vier bis fünf Projektideen zu bestimmen, die an die Interessen der Kinder anknüpfen und zugleich zu den Zielen der Einrichtung passen. Im vorliegenden Fall hat sich das Team schnell darauf geeinigt, dass diesmal ein Bildungsbereich im Vordergrund stehen soll, der eher aus der naturwissenschaftlich-mathematischen Richtung kommt. Aus den Gesprächen mit den

Lehrerinnen der benachbarten Grundschule hatte sich ergeben, dass es für die bald einzuschulenden Kinder gut wäre, sich mehr mit mathematischen Inhalten zu beschäftigen. Natürlich soll es nicht um Rechnen gehen oder um einen vorverlegten Matheunterricht. Aber Kinder bringen einige Grundkompetenzen mit, um mehr über mathematische Phänomene zu lernen, die im Prinzip überall zu finden sind (vgl. Fthenakis u. a., 2009a, S. 12 ff.). Diese

Themenvorauswahl im Team

gilt es aufzunehmen und zu vertiefen. So soll es um Sortieren und Klassifizieren, Muster und Reihenfolgen, Zeit, Mengen, Zahlen usw. gehen.

Schnell ist man sich im Team einig, dass ein Projekt nicht allein an diesen abstrakten Fragen orientiert sein kann, sondern in der Lebenswelt der Kinder vorkommen und zudem anschauliche Anknüpfungspunkte zur ganzheitlichen und handlungsbezogenen Auseinandersetzung bieten muss. In der Diskussion wird auf diese Weise die Grundrichtung für das nächste große Frühjahrsprojekt deutlich.

Im nächsten Schritt werden nun alle Themenvorschläge auf Karten geschrieben und an einer Stellwand angepinnt. Einzelne Ideen werden kurz erläutert und dann in einem moderierten Erörterungsprozess anhand der Kriterien der Situationsanalyse (siehe S. 79). geprüft und diskutiert. So bleiben letztlich vier Projektthemen, die dem Team für das kommende Frühjahr passend erscheinen. Alle bieten genügend Möglichkeiten zu vielfältigen Aktivitäten der Kinder, geben Raum für die Mitwirkung der Eltern, lassen eine Öffnung zum Gemeinwesen zu und nehmen Vorgaben des Bildungsplanes auf. Es sind die folgenden Projektthemen, zu denen jeweils wichtige Stichpunkte notiert werden:

- *Wo kommt das Wetter her?: Wetterbeobachtung und -erforschung; mathematische und naturwissenschaftliche Aspekte: Zeit, Raum, Formen, Wetterphänomene, Wärme, Wasser als Regen, Schnee usw.; Zusammenarbeit mit der Grundschule; ein Vater arbeitet beim Deutschen Wetterdienst; Thema des Bildungsplans*

- *Reise durch das Land der Zahlen: Aktivitäten zum Thema, Zahlenland, Zahlen in alltäglichen und lebenspraktischen Tätigkeiten suchen (Zahlendetektive); Zusammenarbeit mit der Grundschule*

- *Einkaufszentrum „Villa Kunterbunt": Jede Gruppe befasst sich mit einem Einkaufsladen: Bäckerei, Buchgeschäft, Spielzeugladen usw.; mathematische und naturwissenschaftliche Aspekte: Zahlen, Preise, Bezahlen, Mengen usw.; vielfältige Mitwirkungsmöglichkeiten von Eltern und Personen aus dem Umfeld der Einrichtung*

- *Mit dem Kalender durch das Jahr: Aktivitäten zu Kalendern in allen Formen; mathematische und naturwissenschaftliche Aspekte: Jahreszeiten, Tage, Feste, Zeiträume*

Obwohl es sicherlich Themen gibt, die von einzelnen Pädagoginnen im Team favorisiert werden, sind alle bereit, nun auch die Kinder an der Auswahl des Projektthemas für das kommende Frühjahr zu beteiligen. Daher werden für den folgenden Schritt Patinnen bestimmt, d. h., jeweils eine pädagogische Fachkraft übernimmt es, den Mädchen und Jungen der „Villa Kunterbunt" ein Thema zu erläutern. Dazu werden Bilder und Materialien gesammelt und eine kindgerechte Darstellung vorbereitet. In der Kindervollversammlung werden die möglichen Themen dann kurz präsentiert und danach in den einzelnen Gruppen noch einmal genauer besprochen.

Vor allem die Gespräche in den einzelnen Gruppen bieten gute Gelegenheiten, die Kinder an dem Prozess der Themenfindung zu beteiligen und in einem ersten Anlauf ihre Fragen und Interessen zu erfahren. Dieser Prozess darf nicht überstürzt verlaufen, d. h., die Kinder sollen die Chance haben, sich mit den Vorschlägen auseinanderzusetzen, sich darüber auszutauschen und Fragen zu stellen.

Katharina Winter ist es sehr wichtig, dass sich in ihrer Eulengruppe alle Kinder einbringen. Sie stellt dazu offene Fragen und lässt die Mädchen und Jungen reden. Sie hört dabei aufmerksam zu und man merkt ihr an, dass sie an den Beiträgen aller sehr interessiert ist und jeden ernst nimmt.

Aber dann muss es auch vorangehen. Deshalb wird in den Gruppen nach der Vorstellung der Themenvorschläge und nachdem sie ausreichend besprochen sowie für eine Zeit in anschaulicher Form in der Eingangshalle für die Eltern ausgestellt worden sind, eine Entscheidung herbeigeführt. Dazu wird in der „Villa Kunterbunt" ein Verfahren genutzt, bei dem die Kinder im Sitzkreis ihr jeweiliges Thema mit einem Klebepunkt markieren dürfen. Auf diese Weise kristallisiert sich heraus, dass die Jungen und Mädchen sich am liebsten mit dem „Einkaufszentrum" befassen wollen und das „in echt", d. h., sie wollen selbst gern etwas verkaufen. Nun ist das nächste Projektthema gefunden und Planung und Vorbereitung können beginnen.

Aufgaben zu den Themen des Kapitels 2.2 finden Sie im Online-Material.

Im Zusatzmaterial 8 finden Sie Beobachtungsbögen als Grundlage für das Entdecken und Sammeln von Projektthemen und in Zusatzmaterial 9 eine Checkliste für die Auswahl von Projektthemen.

2.3 Projektplanung und Projektvorbereitung

„Je planmäßiger die Menschen vorgehen, desto wirksamer trifft sie der Zufall."

(Friedrich Dürrenmatt, Schriftsteller, 1921–1990)

2.3.1 Planung als offener Prozess

Ist die Entscheidung über das Projektthema getroffen, stehen nun Planung und Vorbereitung des Projektes an. Dieser Prozess ist auf mehreren Ebenen angesiedelt.

- Zum einen ist es die pädagogische Aufgabe der Fachkräfte eines Kindergartens, Inhalte und Struktur des Projektes als didaktische Lerngelegenheit für die Jungen und Mädchen ihrer Einrichtung oder Gruppe zu gestalten und die Vorüberlegungen hierzu in einer Grobplanung zusammenzufassen.

- Gleichzeitig ist es im Hinblick auf ko-konstruktives Lernen und Partizipation wesentlicher Bestandteil von Projekten, die Kinder an den Entscheidungen zu beteiligen und sie damit selbst mitbestimmen zu lassen, welche Gegenstände, Vorgehensweisen, Forschungsfragen, Vorhaben, Exkursionen, Einladungen, Experimente usw. verfolgt werden sollen. Irrwege gehören dabei mit zum Lernweg und müssen zugelassen werden, damit die Kinder ihre eigenen Erfahrungen sammeln können.

- Neben der inhaltlichen Planung steht die organisatorische Vorbereitung. So muss im Team der pädagogischen Fachkräfte überlegt werden, welche Räume, Zuständigkeiten, Kosten, Mitakteure usw. infrage kommen. Auch hier können Kinder teilweise mitwirken, damit sie ebenfalls diese organisatorische Seite von Vorhaben kennenlernen. Dabei bleibt es natürlich nur bei einem ersten Einblick.

In aller Regel wird schon vor dem Einstieg in die Projektinitiative bzw. in den Prozess der Themensammlung und -auswahl festgelegt, welchen Rahmen das Projekt haben soll. Damit ist vor allem der zeitliche und organisatorische Umfang gemeint, den ein Projekt in einer Kindertagesstätte einnimmt.

Projekte sind vor allem Lernsituationen bzw. Lernangebote für Kinder. Daher sind sie in erster Linie bewusst und zielorientiert als Lern*gelegenheiten* zu gestalten. Insofern gehört zur Vorbereitung eines Projektes eine didaktische Planung, um auf deren Grundlage die für wichtig erachteten Lernschritte der Mädchen und Jungen anzustoßen. Deshalb ist im Team der pädagogischen Fachkräfte zu überlegen, welche

- Ziele und Teilziele,

- Themen, Informationen, Materialien und Vorhaben,

- Fragestellungen,

- Methoden usw.

angesichts des Projektthemas sinnvoll erscheinen und das Lernangebot unterstützen können, um einen Kompetenzerwerb bzw. die Stärkung schon vorhandener Kompetenzen der Kinder zu erreichen. Nichts anderes meint didaktische Planung.

Insgesamt gilt gerade bezogen auf die Planungsphase, was Ellermann (2013, S. 119) im Allgemeinen als zentrales Kennzeichen projektorientierten Lernens im Elementarbereich sieht:

> „Wesentliches Merkmal ist die *Offenheit der Ausgangssituation*, das heißt, die Lernenden entwickeln ihre Lernsituation selbst, indem ihnen die Möglichkeit gegeben wird, selbstständig zu entscheiden, zu planen und zu handeln."

Deshalb kann das Ergebnis der Planungen und der Vorüberlegungen zum weiteren Vorgehen nur aus einer groben *Projektskizze* bestehen, die dem Handlungsverlauf eine grobe Struktur gibt. Diese muss durchgehend die Möglichkeit zur flexiblen Veränderung, Ergänzung und Vertiefung der Lern-, Arbeits- und Handlungsprozesse aufgrund der Initiativen der Kinder offenlassen.

Die auf der Projektskizze aufbauenden konkreten Handlungsschritte im Verlauf des Projektes – die konkreten pädagogischen Angebote und Aktivitäten für die Kinder – sind *projektbegleitend* zu planen und vorzubereiten. Dabei sind jeweils die Fragen und Interessen der Mädchen und Jungen zu berücksichtigen, die von ihnen während der Projektdurchführung in den Reflexionsphasen oder im Handlungsprozess geäußert oder nonverbal verdeutlicht werden. So kann es beispielsweise ein wichtiger Hinweis sein, wenn einige Kinder immer wieder das Geld, mit dem im Rahmen des Projektes „Einkaufszentrum" gearbeitet wird, zur Hand nehmen und sich darüber austauschen, wo es wohl herkommt, wie es hergestellt wird usw. Daran anknüpfend ließe sich eine Aktivität planen, in der es um das Thema „Geld" geht und die z. B. den Besuch einer Bank umfasst. Die *Projektskizze* muss hierfür Raum lassen, ohne aber beliebig zu werden.

Im Rahmen der Planungsphase bzw. der Vorüberlegungen zum Projektverlauf ist eine dem Handeln Orientierung gebende Projektskizze zu erstellen, die eine grobe Struktur vorgibt, aber durchgehend die Möglichkeit zur flexiblen Veränderung, Ergänzung sowie Vertiefung des Verlaufs und der Aktivitäten zulässt. Die darauf aufbauenden einzelnen Schritte des Projektes sind jeweils zeitnah und situationsorientiert zu planen.

Die aufgeführten Ebenen der Projektplanung sind natürlich im pädagogischen Alltag nicht klar voneinander trennbar. Außerdem herrschen zwischen den einzelnen Planungsschritten und -ebenen durchaus Wechselwirkungen. So kann etwa ein Vater, der Förster ist und zur Teilnahme am Waldprojekt gewonnen werden konnte, Inhalte mit einbringen. Hier wird der wechselweise Bezug von organisatorischer und inhaltlicher Planung deutlich. Wenn dies zudem noch geschieht, weil die Kinder sich sehr für die Arbeit eines Försters interessieren und sie diesem bei der Arbeit zusehen wollen, zeigen sich hier Ansätze zur Mitbestimmung der Kinder. Trotzdem erscheint es oftmals logischer, wenn die didaktischen Überlegungen den Ausgangspunkt bilden und die organisatorischen Planungen jeweils umsetzen, was vorher inhaltlich festgelegt wurde.

Aspekte der Projektplanung

Der Planungsprozess selbst ist ebenfalls ein komplexer Prozess. Vor allem bei umfangreicheren Projekten, die einrichtungsweit und über einen längeren Zeitraum hinweg laufen, kann es daher wichtig sein, auch den Planungs- und Vorbereitungsprozess selbst grob zu planen. Ein Arbeits- und Zeitplan hilft, die einzelnen Schritte des Vorgehens zu koordinieren. Der Plan kann im Büro oder Teamaufenthaltsraum aushängen und ist damit für alle sichtbar. Diese Phase der Vorbereitung eines Projektes liegt weitgehend in den Händen des pädagogischen Teams.

Was?	Wann?	Wer?	Wo?	Mit wem?
Projektrahmen und Zeitraum festlegen	Dienstbesprechung am 30. September 20..	Gesamtteam	Dienstbesprechung	mit allen Fachkräften

Was?	Wann?	Wer?	Wo?	Mit wem?
Themen-sammlung	im Herbst bis zum 16. November 20..	Gesamtteam bzw. Projekt-team	in den Gruppen, auf Elternveran-staltungen, auf dem Plakat in der Eingangs-halle	mit allen Kindern, mit den Eltern, mit allen Fachkräf-ten, mit anderen Experten und Personen aus dem Umfeld
Themen-analyse und Themen-vorauswahl (Situations-analyse)	Dienstbespre-chung am 26. November 20..	Gesamtteam	Dienstbespre-chung	mit allen Fachkräften
Themenaus-wahl in den Gruppen	bis zum 9. Dezember 20..	Gruppenteams	in den einzelnen Gruppen	mit allen Kindern
Themen-festlegung	Dienstbespre-chung am 16. Dezember 20..	Gesamtteam	Dienstbespre-chung	mit allen Fachkräften

Ablaufplan: Planung eines Projektes

2.3.2 Der Rahmen eines Projektes

Projekte können von verschiedener Struktur sein und sich auch im Umfang deutlich voneinander unterscheiden. Das hängt unter anderem davon ab, welche Kinder bzw. Kindergartengruppen daran beteiligt werden, wer aus dem Team mitwirkt bzw. von außerhalb hinzugezogen wird, wann sie laufen, zu welchen Zeiten, wie lange und wie oft. Eine wichtige Rolle spielt hierbei oftmals die Konzeption der Einrichtung. Darin kann geregelt sein, welche Bedeutung das Lernen in Projekten in einer Einrichtung hat und in welchem Rahmen sie geplant und durchgeführt werden. Dazu gehören dann gegebenenfalls Vorgaben zum Umfang – also wer alles beteiligt sein kann und mitwirkt. Aber auch die zur Verfügung gestellten Zeiten können festgelegt sein. Zum Beispiel ist es denkbar, an allen Tagen einer oder mehrerer Wochen durchgehend an einem Projekt zu arbeiten oder an bestimmten Tagen, etwa am Dienstag und Donnerstag, in jeweils festgelegten Zeiträumen, und das ebenfalls über eine oder mehrere Wochen hinweg. Es gibt hier vielfältige Modelle, die auf der Grundlage verschiedener pädagogischer und didaktischer Überlegungen je nach Thema sinnvoll erscheinen. Einige typische Projektformen sollen hier kurz vorgestellt werden, wobei es natürlich Mischformen oder wechselnde Formen geben kann.

Projekte bleiben immer flexibel angelegt. Je größer allerdings ihr Umfang bzw. die Zahl der beteiligten Personen ist, desto komplexer ist auch die Planung, Vorbereitung und Durchführung. Dann bleibt umso weniger Spielraum für eine flexible Gestaltung.

Es gibt Projekte als kleinere Vorhaben, an denen nur einige wenige Kinder beteiligt sind. So kann sich eine Kleingruppe bilden, die an einem bestimmten Thema wie „Regenwürmer im Außengelände" oder an der Frage „Wovon lebt eine Blume?" ein großes Interesse zeigt. Für ein solches Projekt wird eine Erzieherin oder ein Erzieher gemeinsam mit den Kindern überlegen, welche Inhalte für einen kürzeren Zeitraum im Mittelpunkt stehen sollen, um sich damit eingehender zu befassen und die Fragen der Kinder zu beantworten. Eine andere Möglichkeit besteht darin, dass eine eingegrenzte Gruppe wie die Schulkinder, d. h. all diejenigen Jungen und Mädchen, die im Sommer zur Schule gehen werden, sich projektförmig mit dem Thema „Einschulung" oder „Schulbesuch" befassen. Dafür sind dann z. B. bestimmte Zeiten im Tagesablauf reserviert. Ansonsten bleibt der Kindergartenalltag der anderen Kinder aber unberührt.

Eine andere, häufig gewählte Projektform besteht darin, dass sich eine ganze Kindergartengruppe mit einem bestimmten Thema beschäftigt. Zu festgelegten Zeiten im Tagesablauf, z. B. zwischen Frühstück und Mittagsabschlusskreis, arbeiten die Kinder entweder in unterschiedlichen Kleingruppen mit jeweils einer Pädagogin der Gruppe oder mit einer Praktikantin oder, wenn verfügbar, mit einem Elternteil an verschiedenen Angeboten und Aktivitäten zum Thema. Oder parallel dazu besteht die Möglichkeit für die Kinder, sich mit Bilderbüchern, Materialien bzw. an Experimentier- und Forschertischen mit unterschiedlichen Dingen allein oder gemeinsam mit anderen zu befassen. Als weitere Möglichkeit können gemeinsame Erkundungen und Exkursionen mit der ganzen Gruppe unternommen werden.

Projekte können aber auch gruppenübergreifend angelegt sein. Da dann mehrere Fachkräfte gemeinsam mit den Kindern an einem Thema arbeiten, lassen sich vielfältige Angebote parallel durchführen. Der Vorteil ist, dass sich mehrere Kinder auf sehr unterschiedlichen Wegen und Weisen mit Inhalten oder Fragestellungen zum Thema befassen können. In diesem Rahmen werden die Gruppenräume geöffnet und interessenbezogen finden sich neue (Klein-)Gruppen zusammen.

Eine vierte Variante ist das Kindertagesstättenprojekt, an dem alle Gruppen einer Einrichtung gemeinsam mit Eltern oder anderen erwachsenen Expertinnen und Experten zusammenarbeiten. Meist geschieht dies in einem klar umgrenzten

Projekttage in einer Kindertagesstätte

Zeitraum, der weniger flexibel gehandhabt werden kann, da es sich bei einem einrichtungsweiten Projekt um eine komplexe Planungsstruktur handelt. Dadurch wird der normale Kindergartenalltag weitgehend aufgehoben und es werden oftmals viele Personen von außen beteiligt.

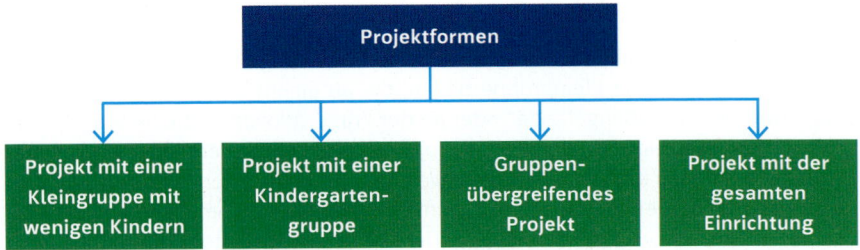

Unterschiedliche Projektformen

Beispiel: *In der „Villa Kunterbunt" werden zwei unterschiedliche Projekte geplant, die sehr unterschiedliche Formen und verschiedene Auswirkungen auf die pädagogische Arbeit haben. So ist das Dino-Projekt eher von einem überschaubaren Ausmaß und wird allein in der Eulengruppe durchgeführt. Es handelt sich also um ein Projekt mit einer Kindergartengruppe. Geplant wird es für etwa vier Wochen und soll an zwei Tagen in der Woche stattfinden. Gegebenenfalls können auch gruppenübergreifende Aktivitäten eingeplant werden.*

Das große Frühjahrsprojekt „Einkaufszentrum ‚Villa Kunterbunt'" hingegen umfasst die gesamte Einrichtung und wird die pädagogische Arbeit dort für drei Monate weitgehend bestimmen. Im Rahmen dieses übergreifenden Projektes sind verschiedene didaktische Angebote und Aktivitäten geplant, die sich auf die einzelnen Gruppen dieser Kindertagesstätte beziehen. Einige Angebote können auch gruppenübergreifend für Kleingruppen interessierter Kinder vorgesehen sein. Hier ist Flexibilität gefordert, die bestehende Grobplanung immer wieder an die konkreten Bedingungen des Projektverlaufs anzupassen.

Damit verbunden ist beim großen Frühjahrsprojekt eine Planungsarbeit auf zwei Ebenen. Zum einen ist für die gesamte Einrichtung der grobe Projektverlauf zu planen. In diesem Rahmen müssen dann zum anderen die Planungen der einzelnen Gruppen integriert werden. Dies erfordert einrichtungsweit eine verlässliche Projektskizze und eine Menge Abstimmungsprozesse zwischen den einzelnen Gruppen bei der Projektdurchführung. Für Projekte dieser Komplexität ist es wichtig, ein koordinierendes Projektteam zu haben und nach Möglichkeit auch ein Projektbüro, in dem alle Informationen zusammenlaufen.

2.3.3 Didaktische Planung

Sind Thema und Rahmen des Projektes festgelegt, kann mit der inhaltlichen – und diese begleitend – organisatorischen Planung begonnen werden. Im Vordergrund eines Projektes steht dabei das eigenständige Handeln und Lernen der Kinder. Das ist aber nicht ungerichtet und geschieht nicht willkürlich, sondern die pädagogischen Fachkräfte überlegen im Vorfeld, wie sie die Lern- und Bildungsprozesse der

Kinder gezielt unterstützen können. Dazu gehört insbesondere die Aufgabe, die Lernumgebung möglichst günstig zu gestalten, was eine geeignete Auswahl von Aktionen, Räumen, Materialien usw. mit umschließt.

Mit diesen Überlegungen ist die Ebene der Didaktik angesprochen. Es geht bei der zielgerichteten und bewussten Gestaltung der Lernumgebung sowie der optimalen Begleitung der eigentätigen Lernprozesse der beteiligten Mädchen und Jungen um das Nachdenken über das kindliche Lernen und über dessen Unterstützung und damit um den zentralen Gegenstand der Elementardidaktik (siehe Kapitel 1.3.3 „Elementardidaktik und Projektmethode", S. 30).

Vor diesem Hintergrund verfolgen das Dino-Projekt und das Projekt „Einkaufszentrum ‚Villa Kunterbunt'" konkrete, *didaktisch* begründete Bildungsziele. Auch wenn Projekte nicht bis ins kleinste Detail „durchdidaktisiert" sein müssen und sollen, sind Vorüberlegungen zu einer Reihe von lernbezogenen Aspekten sinnvoll. So setzen sich die pädagogischen Fachkräfte im Rahmen der Projektplanung mit den Zielen, Inhalten, Methoden und Medien/Materialien des jeweiligen Projektes auseinander (siehe Kapitel 1.3.3 „Elementardidaktik und Projektmethode": „Didaktische Strukturelemente der Planung pädagogischer Aktionen", S. 30).

Ziele im Projekt

Didaktische Planungen sind ein komplexes Unterfangen. Hierzu gibt es keine festgelegte Vorgehensweise, die eingehalten werden müsste. Die Überlegungen sind eher vielschichtig und vernetzt, d.h., pädagogische Absichten oder Ziele sind gemeinsam mit geeigneten Inhalten bzw. Themen zu erörtern, wobei auch eine gute Methode oder ein stimmiges Medium mitbedacht werden muss. Das Nachdenken kann dabei von einem Aspekt zum anderen springen, auch wieder zurück oder hin und her.

Den Einstieg bei den Zielen zu suchen, macht jedoch Sinn, weil es den nachfolgenden Überlegungen eine Orientierung gibt. Mit Zielen sind hier pädagogische Absichten gemeint, die mit dem Projekt verfolgt werden. Da beim projektbezogenen Lernen die Interessen und Fragen der Kinder den Verlauf der Lern- und Handlungsprozesse bestimmen und damit die Ansätze einer indirekten Erziehung im Vordergrund stehen, können hier keine operationalisierten Lernziele formuliert werden. Vielmehr geht es darum, nur allgemein zu bestimmen, in welchem Bereich die beteiligten Mädchen und Jungen Erfahrungen machen und welche Lern- und Bildungsprozesse angestoßen werden sollen. Dies wird in aller Regel durch eine Beschreibung der Kompetenzen, über die die Kinder nach dem Projekt verfügen bzw. die sich bei ihnen gefestigt haben sollen, realisiert.

Ziele im Projekt beschreiben, welche Kompetenzen durch die Lern- und Bildungsprozesse der beteiligten Kinder im Projektverlauf erreicht werden sollen. Sie geben damit dem pädagogischen Handeln der Erzieherin bzw. des Erziehers eine Orientierung. Aufgrund der Bedeutung eigentätigen Lernens durch die Kinder können diese Ziele nur bedingt operationalisiert werden (präzise und kleinschrittig beschrieben und damit durch direkte Beobachtung überprüfbar).

Die Ziele eines Projektes erhalten dadurch eine erste grobe Richtung, dass entschieden werden muss, welcher Bildungsbereich beim ausgewählten Projektthema (siehe Kapitel 1.4.3 „Bildungspläne und die Projektmethode", S. 58) im Vordergrund stehen soll. Grundsätzlich wäre es auch denkbar, mehrere Bildungsbereiche vorzusehen oder die Frage offenzulassen.

Wenn also beispielsweise ein Mammutzahn als Exponat im Eingangsbereich einer Kindertagesstätte die Kinder zu interessiertem Nachfragen animiert und letztlich zum Projektthema „Wie kommt der Mammutzahn in die Nordsee?" wird (vgl. Fthenakis u. a., 2009a, S.221 ff.), stellt sich die Frage, ob hier eher der naturwissenschaftliche Bildungsbereich angesprochen ist (Lebewesen, biologische Lebensräume) oder der mathematische (Zeit, Raum und Form, Klassifizieren und Sortieren). Diese Zuordnung hat Folgen für die Auswahl weiterer Teilthemen und Inhalte sowie für die pädagogisch angeleiteten Bildungsangebote, die sich mit dem Projektthema befassen.

Je nach Bildungsbereich sind daran anschließend die Ziele zu konkretisieren, die mit dem Projekt erreicht werden sollen. Bewährt hat sich, im Team oder bei kleineren Projekten von der durchführenden pädagogischen Fachkraft allein zu überlegen, welche

- kognitiven,
- motorischen,
- sozial-emotionalen und
- lernmethodischen

Kompetenzen der Kinder im Einzelnen gestärkt werden sollen. Hierbei muss unterschieden werden zwischen dem Projekt als Ganzem und den Aktivitäten, die sich in dessen Rahmen ergeben. Während für das Projekt insgesamt nur übergeordnete pädagogische Absichten oder Zielsetzungen entwickelt werden können, ist bei den Einzelaktivitäten konkreter formulierbar, welche Kompetenzen erreicht werden sollen. Dabei geht es – wie schon gesagt – nicht um eine detaillierte Auflistung von Grob- und Feinzielen.

Beispiel: Dino-Projekt

Bezogen auf mögliche Zielsetzungen beim Dino-Projekt finden Katharina Winter und Sven Sommer Anknüpfungspunkte sowohl im

Didaktische Planung im Team

mathematischen Bildungsbereich als auch im naturwissenschaftlichen Themenfeld. Bezogen auf Mathematik bietet es sich an, mit den Kindern über Zeit, Zeiträume und Geschichte im Ablauf nachzudenken, aber auch über Längen bzw. Größen und Größenverhältnisse. Hier sind Bildungsprozesse möglich, in denen sich die beteiligten Kinder darüber orientieren, was „vor sehr langer Zeit" bedeutet, was Millionen Jahre im Vergleich zu einem Menschenleben sind usw. Oder sie vergleichen, wie lang bzw. hoch ein bestimmter Dinosaurier etwa im Vergleich zu einem Menschen war bzw. ist. Gleichzeitig rekonstruieren sie aus dem Skelett eines Dinosauriers dessen Aussehen. Damit eignen sie sich Kompetenzen an, Zeit- und Größenangaben zu verwenden und zu verstehen. Sie vergleichen Größen und stellen sie in ein Verhältnis zueinander.

Zugleich werden auch Ziele im naturwissenschaftlichen Bereich verfolgt. So setzen sich die Kinder mit vorgeschichtlichen Tieren auseinander, erfahren, was diese gefressen, wie sie sich bewegt haben und wie Flora und Fauna vor Jahrmillionen aussahen. Zugleich beschäftigen sie sich mit Erd- und Steinschichten, mit Versteinerungen, Vulkanismus und wie man etwas über längst vergangene Zeiten erfahren kann. Exemplarisch und ganzheitlich lernen die Mädchen und Jungen insofern anhand der Auseinandersetzung mit Dinosauriern etwas aus dem mathematischen und dem naturwissenschaftlichen Bildungsbereich.

Auf diesen Überlegungen aufbauend notieren Katharina Winter und Sven Sommer eine Reihe von Zielsetzungen für ihr Projekt.

Beispiel: Projekt „Einkaufszentrum"

Beim großen Frühjahrsprojekt der „Villa Kunterbunt" steht dagegen die Zielsetzung im Vordergrund, den Jungen und Mädchen durch die Eröffnung unterschiedlicher Geschäfte und Läden in der Einrichtung den gesamten Prozess der Herstellung eines Produktes bis hin zu dessen Verkauf erlebbar zu machen. Damit sollen sich Lerngelegenheiten für die Kinder ergeben, ihre unmittelbare Lebenswelt besser kennenzulernen und Erfahrungen mit der beruflichen und wirtschaftlichen Welt zu machen. Umgesetzt wird dies durch Exkursionen in ein Einkaufsgeschäft, eine Bäckerei usw. oder den Umgang mit realem Geld und den Besuch bei einer Bank. Damit wird der Bildungsbereich der „kulturellen Umwelten" angesprochen (vgl. Jugendministerkonferenz/Kultusministerkonferenz, 2004), der in den einzelnen Bildungsplänen für den Elementarbereich jeweils genauer beschrieben wird. Im Vordergrund der einzelnen Aktivitäten und Angebote soll dabei die Neugierde und Wissbegierde der Kinder stehen. Vor allem ihre Fragen zu diesem thematischen Bereich sollen Anknüpfungspunkte für die Erwachsenen sein, um daran weitere Lernangebote und die Gestaltung der Lernumgebung anzuschließen. Daher sind bezogen auf das Gesamtprojekt eher Zielsetzungen auf einer allgemeinen Ebene möglich.

Darüber hinaus hat das Team festgelegt, dass bei diesem Projekt auch die mathematische Bildung im Mittelpunkt stehen soll. Deshalb sind die Herstellung und der Verkauf von Produkten oder Erzeugnissen immer gekoppelt an Themen wie Zahlen, Mengen, Sortieren und Kategorisieren, Zeit und Raum usw. Hierbei soll den Kindern bewusst werden, dass sie sich bei der Beschäftigung mit der Warenproduktion und dem Verkauf von Waren bereits mit mathematischen Fragen und Inhalten befassen. Die Absicht ist, dass sie dadurch auf anschauliche und erfahrungsbezogene Weise ihre Kenntnisse und Fertigkeiten in diesem Bereich erweitern.

Darauf abgestimmte Reflexionsprozesse helfen den Kindern außerdem, ihre eigenen Lernprozesse in den Blick zu nehmen und damit ihre Lernkompetenzen weiter zu entwickeln. Mit dieser Zielfestlegung auf den Bildungsbereich Mathematik ergibt sich für die anschließende Auswahl von Unterthemen und Angeboten eine Orientierung. In der „Villa Kunterbunt" ist es aber, wie schon gesagt, Konsens, dass trotz der dargestellten pädagogischen Absichten die Fragen der Kinder im Vordergrund stehen sollen.

Es ist dem Team in der Einrichtung bewusst und wichtig, dass durch die pädagogische Arbeit in Projekten natürlich auch weitere Ziele verfolgt werden, wie etwa das Lernen im sozialen und sprachlichen Bereich. Auch wenn diese Zielsetzungen nicht ausdrücklich mit thematisiert werden, begleiten sie als ständige Querschnittsaufgabe den pädagogischen Alltag.

Inhaltlich-thematische Planung

Meist gleichzeitig mit den Überlegungen zu den pädagogischen Zielsetzungen werden geeignete Inhalte in Form von Teil- bzw. Unterthemen, Gegenständen, Situationen, Personen und Institutionen ausgewählt, die sinnvolle Anknüpfungspunkte und Auseinandersetzungsmöglichkeiten für die Lernprozesse der Kinder bieten, um die gesetzten Ziele zu erreichen. Diese inhaltlich-thematischen Vorüberlegungen lassen sich gut mithilfe einer Mindmap sammeln und bearbeiten.

Die inhaltliche Planung wird von den pädagogischen Fachkräften vorgenommen, aber anschließend für die Ideen und Vorschläge der Mädchen und Jungen geöffnet, die am Projekt beteiligt sind (siehe Kapitel 2.3.4 „Kinder an Planungsüberlegungen beteiligen", S. 97). Es bietet sich an, bei den Recherchen über geeignete Themen, Inhalte und Gegenstände immer auch schon ein Auge auf hilfreiche Materialien sowie auf methodische Umsetzungsmöglichkeiten in konkreten Lernsituationen zu werfen. Manchmal finden sich in den Bildungsplänen inhaltliche und methodische Anregungen, die gut genutzt werden können. Es gibt zudem viele konkrete Vorschläge und Hinweise in Buchform zur inhaltlichen Gestaltung von Projekten in Kindertagesstätten.

Häufig fordert diese didaktisch begründete Auseinandersetzung mit den inhaltlichen Aspekten des Projektes von den verantwortlichen Fachkräften, dass sie sich selbst eingehend mit neuen Themen befassen. Mitunter müssen sie sich neue Informationen beschaffen, sich in ein Thema einlesen oder selbst eine Ausstellung oder ein Museum besuchen. Viele finden es durchaus reizvoll, sich auf diese Weise inhaltlich-fachlich weiterzubilden. Projekte fördern ein solches gemeinsames Lernen und führen dazu, dass Kinder und pädagogische Fachkräfte sich in einer Lerngemeinschaft befinden.

Die ausgewählten Inhalte sind grundsätzlich einer didaktischen Analyse zu unterziehen. Damit ist keine umfangreiche und aufwendige Durcharbeitung der einzelnen Themen gemeint, sondern ein Blick auf deren Bildungsgehalt, d.h. darauf, ob sie den Kindern im Projekt wichtige Lernerfahrungen ermöglichen.

„Die Auswahl der Inhalte ist nicht beliebig. Durch die Auseinandersetzung mit den Lerninhalten (...) wird der *Bildungsgehalt* eines Inhalts genauer bestimmt werden: Welche praktische, bei der Bewältigung des Lebens helfende Bedeutung hat der Inhalt? Was leistet der Gegenstand für das Weltverstehen, für die Orientierung einer Kultur? Ist der Inhalt elementar, fundamental? Was lässt sich durch den Inhalt exemplarisch erfassen, einüben? Entspricht der Inhalt den Bedürfnissen der Kinder? Entspricht er den Erfordernissen der Gesellschaft, in die die Kinder hineinwachsen sollen?"

(Ellermann, 2013, S. 74)

Beispiel: Projekt „Einkaufszentrum"

In einer ersten Ideensammlung tragen Katharina Winter und Sven Sommer zusammen, was sich ihres Erachtens für das Frühjahrsprojekt an Einzelthemen und inhaltlichen Aspekten für die Auseinandersetzung mit dem Projektthema anbietet. Sie haben sich mit ihrer Eulengruppe für das Thema „Bäckerei" entschieden. Nun geht es um die Auswahl und Analyse von Inhalten und Unterthemen. In einer Mindmap werden die Gedanken dazu notiert.

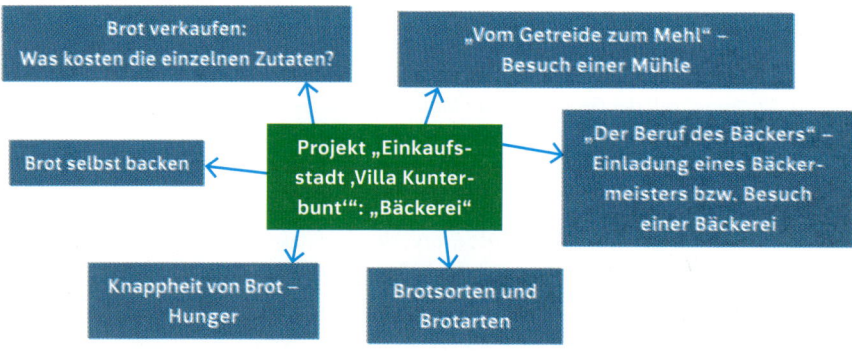

Mindmap zum Thema „Bäckerei"

Methoden und Medien

Während der inhaltlich-thematischen Planungen zum Projekt wird immer schon darüber nachgedacht, welche methodischen Wege sinnvoll erscheinen, um die Auseinandersetzung mit dem Thema oder dem jeweiligen Gegenstand zu begünstigen. So kann dies bezogen auf das eine Thema eher durch Erkundungen und Ausflüge, bezogen auf einen anderen Inhalt eher durch experimentelles Vorgehen und entdeckendes Lernen erreicht werden. Damit verbunden sind Überlegungen zu geeigneten Materialien (z. B. bezogen auf die Experimente) und Medien (z. B. Dokumentation des Ausflugs mit Fotoapparat oder Filmkamera).

Als Fundus steht die ganze Bandbreite elementarpädagogischer Methoden bzw. didaktischer Formen zur Verfügung (siehe Kapitel 1.3.3 „Elementardidaktik und Projektmethode": „Methodische Arrangements und didaktische Formen", S. 33). Bei Projekten bieten sich vor allem Vorgehensweisen an, die selbstgesteuertes und forschendes Lernen der Kinder unterstützen. Häufig gibt es für die Auseinandersetzung mit bestimmten Inhalten mehrere methodische Möglichkeiten. Wenn es etwa um das Aussehen verschiedener Dinosaurierarten geht, kann dies durch einen Besuch in einem paläontologischen Museum erforscht werden, durch einen Film oder mithilfe einer Bilderbuchbetrachtung. Die Kinder können sich auch selbstständig über das Aussehen von Dinosauriern informieren, indem sie selbst in Bilderbüchern blättern, die in der Leseecke zum Thema passend ausliegen, oder Dinosaurier aus Kunststoff mitbringen und damit spielen. Zunehmend halten auch moderne Medien wie Computer und Internet Einzug in die Kitas. Auch diese können von den Kindern in Begleitung der Fachkräfte etwa für kleine Rechercheaufträge, Suchen von Bildern und Nutzung kindgerechter Spielesoftware genutzt werden.

Wichtig ist, eine Vorauswahl an didaktischen Formen bezogen auf die entsprechenden Inhalte zu treffen und auf diese Weise vorbereitet zu sein, aber gleichzeitig offen zu bleiben für Ideen und Anregungen der Kinder oder für eine neue methodische Vorgehensweise, die sich aus dem Verlauf des Projektes ergibt.

Beispiel: Projekt „Einkaufszentrum"

Katharina Winter und Sven Sommer haben bei den Vorüberlegungen zu ihrem Projektthema „Bäckerei" auf der Grundlage der Mindmap eine Reihe von Einzelthemen zusammengestellt und dazu passende didaktische Formen zur methodischen Umsetzung notiert. Gleichzeitig haben sie dabei schon eine Reihenfolge angedacht, die die angezielten Bildungsprozesse unterstützen soll. Hier nur einige Stichpunkte:

- *Einstieg: von zu Hause mitgebrachte Brotsorten im Sitzkreis anschauen, schmecken, tasten, riechen und sich darüber austauschen*

- *Einladung eines Bäckermeisters, der über das Brotbacken und Verkaufen berichtet*

- *Bilderbücher zum Thema:*
  - *„Der Bäcker, das Brot und ich: Die Welt und ich" von Sibylle und Jürgen Rieckhoff*
  - *usw.*

- *„Vom Getreide zum Mehl" – gegebenenfalls Besuch einer Mühle im Heimatmuseum (Exkursion)*

- *Brot selbst backen – in Kleingruppen in der einrichtungseigenen Küche*

- *Materialtisch zum Thema*

- *Vorbereitung des Kindergartenfestes – im Sitzkreis mit den Kindern besprechen, was geplant ist*

- *andere Backwaren im Sitzkreis besprechen – Auswahl der Angebote für das Kindergartenfest*

- *Backen der auf dem Fest angebotenen Produkte, Verteilung der Aufgaben, organisatorische Absprachen*

- *Höhepunkt des Projektes: Kindergartenfest mit Verkauf und Aktionen*

Damit haben sie eine Ideensammlung und eine Grobplanung für den Verlauf des Projektes als Orientierung, die aber offen ist für andere oder weitere Vorschläge der Kinder. Als nächsten Schritt wollen sie mit der Eulengruppe über das Projekt sprechen und mit den Mädchen und Jungen gemeinsam überlegen, womit sie sich genauer befassen wollen und auf welche Weise.

2.3.4 Kinder an Planungsüberlegungen beteiligen

Auch wenn eine didaktisch begründete Planung eines Projektes durch die pädagogischen Fachkräfte sinnvoll erscheint, sind die gemeinsamen Überlegungen mit den Kindern von zentraler Bedeutung, sie spielen sogar eine entscheidende Rolle. Es ist das Projekt der Kinder. Ihr Lernen und ihre Motivation stehen im Mittelpunkt. Ihre Bildungsprozesse werden vor allem unterstützt, wenn sie ihren eigenen Fragen, Bedürfnissen und Interessen nachgehen können, wenn ihre Neugierde geweckt wird und wenn sie dann Gelegenheit haben, sich handelnd mit ihren Themen auseinanderzusetzen. Projekte erfordern von daher, die Kinder in alle Planungs- und Vorbereitungsprozesse mit einzubeziehen.

Allerdings können Mädchen und Jungen im Kindergarten ihre Beiträge nur auf altersgemäße Weise einbringen. Auch die „älteren" Kinder, also die Fünf- und Sechsjährigen, sind noch nicht in der Lage, komplexe Abläufe vollständig zu überblicken. Sie können nur begrenzt, z.B. in Kinderkonferenzen, sich selbst Arbeitsziele setzen, einen Projektablauf verabreden, sich in gewissen Abständen gegenseitig informieren oder gar auftretende Spannungen und Interessenkonflikte selbstständig lösen (vgl. Ellermann, 2013, S.120). Von daher sind sie auf Anregungen und Unterstützung der erwachsenen Fachkräfte angewiesen. Aber je nach Projekt bzw. Teilbereich des Projektes bleiben dennoch viele Spielräume für Mitwirkungsmöglichkeiten.

Kinder planen ihr Projekt mit.

Zur Unterstützung der gemeinsamen Planungen sollten die Fachkräfte kindgemäße Methoden einsetzen, sich auszudrücken und Beiträge zu leisten. Ein erster Einstieg kann im Sitzkreis erfolgen. Dazu stellt die

Erzieherin oder der Erzieher das Projektthema möglichst anschaulich mithilfe von Bildern oder Gegenständen vor und anschließend äußern die Kinder dazu ihre Erfahrungen, Erlebnisse, Gedanken und Ideen. Nach dieser ersten Annäherung geht es um konkrete Planungsschritte für das weitere Vorgehen. Die Kinder können ihre Gedanken dazu über Zeichnungen oder mitgebrachtes Anschauungsmaterial wie Zeitungsausschnitte mit Bildern und Fotos, Gegenstände, Fundstücke usw. ausdrücken. Es ist die Aufgabe der erwachsenen Bezugspersonen, den Planungsprozess zu moderieren und dabei gleichzeitig mit den Kindern gemeinsam zu überlegen, welche Inhalte im Rahmen des Projektes bzw. Teilprojektes in welcher Reihenfolge genauer betrachtet werden sollen. Der sich ergebende Verlauf kann dann mithilfe von Zeichnungen oder anderen Materialien veranschaulicht werden.

Damit einhergehend lassen sich vor allem mit älteren Kindergartenkindern auch schon erste methodische Umsetzungsmöglichkeiten besprechen. Wenn in einer Einrichtung Projekte an der pädagogischen Tagesordnung sind, gibt es mitunter vor allem für die Kinder, die schon seit zwei oder drei Jahren die Einrichtung besuchen, bereits bekannte Piktogramme (Bildsymbole) für Ausflüge/Besichtigungen, Expertenbefragungen, Buchbetrachtungen, Forschungsexkursionen, Filmvorführungen, Spiele, Experimente usw. Diese werden dann für die gemeinsamen Planungen genutzt und von den Kindern den einzelnen Inhalten zugeordnet. Wenn etwa ein Fossil als Anschauungsobjekt für einen Inhalt in der Mitte des Sitzkreises liegt, kommt vielleicht ein Kind darauf, solche Fossilien selbst im benachbarten Steinbruch zu suchen, und legt das Piktogramm für Forschungsexkursionen daneben. So wird für die Kinder eine Idee für ein Vorhaben im Rahmen des Projektes anschaulich-konkret.

Die Aufgabe der pädagogischen Fachkraft besteht nun darin, die Ideen und Vorschläge der Kinder und die dahinterliegenden Interessen und Motive wahrzunehmen, in den Aushandlungsprozess einzubeziehen und dafür zu sorgen, dass auch jüngere Kinder am Planungsprozess beteiligt werden.

In diesem Prozess gibt es viele Gelegenheiten, die gemeinsamen Gespräche über die Planung des Projektes für lernförderliche Interaktionen zu nutzen. Auf der Basis einer guten sozial-emotionalen Beziehung und angeregt durch eine hohe engagierte Beteiligung der erwachsenen Bezugspersonen werden die Kinder motiviert, sich gedanklich und aktiv in die Planung des Projektes mit einzubringen. So können nachweislich lernförderliche, gemeinsame Problemlösungs- oder Aushandlungsprozesse gestaltet und durch offene Fragen und Aufforderungen das schlussfolgernde Denken der Kinder angeregt werden. Auf diese Weise lässt sich dieser wichtige Schritt im Projektverlauf intensiv als ko-konstruktivistische Bildungsgelegenheit nutzen.

Gemeinsame Planungsprozesse von pädagogischen Fachkräften und Kindern im Rahmen des Projektes bieten vielfältige Gelegenheiten zu lern- und bildungsförderlichen Interaktionen im Sinne des Ko-Konstruktivismus. Hierbei sind die Merkmale gelingender Interaktion zu berücksichtigen.

Beispiel: Dino-Projekt

Nachdem Katharina Winter und Sven Sommer ihre Vorüberlegungen zum Dino-Projekt abgeschlossen haben, wollen sie gemeinsam mit der Eulengruppe überlegen, welche Inhalte und Themen die Kinder vor allem spannend finden. Daher bringen sie dieses Anliegen gleich am nächsten Tag im Sitzkreis ein und sammeln mit den Mädchen und Jungen ihrer Gruppe deren Fragen, Ideen und inhaltlichen Vorschläge.

Zum Einstieg hat Sven Sommer ein Kunststoffmodell von einem Brachiosaurus mitgebracht und zeigt ihn im Sitzkreis. Gemeinsam mit den Kindern bespricht er, um was für ein Tier es sich handelt, wann es ungefähr gelebt und wovon es sich ernährt hat. Nach dieser ersten Hinführung fragt er, was die Mädchen und Jungen im Sitzkreis noch darüber wissen und was sie gern erfahren möchten. Dabei stellt sich heraus, dass einige von den älteren Jungen eine Menge über die Urzeitechsen berichten können, aber gern einmal eine „in echt" sehen würden. Die Kinder interessiert auch, woher man heute eigentlich weiß, wie die Saurier früher ausgesehen haben. Sven Sommer selbst ist Feuer und Flamme für dieses Thema und regt das Nachdenken der Kinder immer wieder durch offene Fragen an. Gemeinsam werden Lösungen diskutiert, wie man etwas über die Saurier erfahren kann. Das erste Gespräch endet mit der Aufforderung von Katharina Winter an die Kinder, am nächsten Tag etwas mitzubringen, was zum Projektthema passen könnte. Jedes Kind soll dazu zu Hause die Eltern fragen.

Beim nächsten Sitzkreis wird gezeigt, was die Kinder mitgebracht haben. Ein Junge hat Versteinerungen von Fossilien dabei, ein Mädchen die Eintrittskarte zu einem Museum. Zwei Sechsjährige stellen ihre Dinosaurierfiguren aus Kunststoff vor, ein Mädchen ein Bilderbuch. Sogar ein Vater hat Zeit und kommt vorbei. Er hat eine Spitzhacke, eine Lupe und einen Hammer mitgebracht. Er ist Hobbyarchäologe und berichtet im Sitzkreis von seinem Hobby.

Schnell ist die Neugierde der Kinder geweckt. Vor allem finden die Kinder die Frage interessant, was Versteinerungen sind und wie groß die Saurier eigentlich waren. Aus dem Gespräch ergibt sich für die beiden elementarpädagogischen Fachkräfte, dass sie den Besuch im paläontologischen Museum nicht wie eigentlich geplant als Abschluss und Höhepunkt des Projektes durchführen wollen, sondern als Einstieg und Anlass, sich mit dem Thema danach noch eingehender auseinanderzusetzen.

Beispiel: Projekt „Einkaufszentrum"

Dagegen sind die Möglichkeiten einer Beteiligung der Kinder an der Planung des Projektes „Einkaufszentrum" durchaus unterschiedlich, je nachdem welche Ebene des Projektes betrachtet wird. Sollen die Kinder bezogen auf das Gesamtprojekt ihre Ideen einbringen, gestaltet sich das natürlich schwierig. Ein Weg könnten Treffen aller Kinder etwa in der Eingangshalle der Einrichtung sein. Allerdings können hier nur sehr wenige, allgemeine Informationen gegeben und nur beschränkt Kinderbeiträge erfragt werden, die dann als Grundlage für die weiteren Überlegungen der Fachkräfte dienen. In der „Villa Kunterbunt" geschieht dies über die regelmäßig stattfindenden Kinderkonferenzen. Günstiger ist es, das Projekt in den Sitzkreisen der einzelnen Gruppen vorzustellen und zu besprechen.

Dort ist auch der Ort, an dem in der Eulengruppe anlässlich des Frühjahrsprojektes überlegt wurde, was die Kinder dazu beitragen können. Gemeinsam wurde entschieden, eine Bäckerei mit dem Verkauf von Brot zum Thema zu machen.

2.3.5 Projektskizze mit Ablaufstruktur

Alle vorangehenden Planungsüberlegungen werden in einer Projektskizze zusammengefasst, die als roter Faden für die Planung und Durchführung des Projektvorhabens dient. Dabei handelt es sich natürlich um keine verbindliche Festlegung, sondern um eine Richtschnur, die flexible Abweichungen, Ergänzungen, Wiederholungen, Auslassungen usw. erlaubt und je nach Verlauf auch fordert. Trotzdem erscheint es hilfreich, die Planungsüberlegungen für die weitere Vorbereitung des Projektes und als Orientierung für die Durchführung schriftlich vorliegen zu haben.

Welche Form im Einzelnen ausgewählt wird, ist zweitrangig. Meist ist es sinnvoll, ein eigenes Planungsraster zu entwickeln, das die für die Einrichtung relevanten Aspekte aufnimmt.

Was?	Wann?	Wer?	Wo?	Mit wem?
Start des Projektes „Einkaufszentrum"	Montag, der ...	Kitaleiterin	Kinderkonferenz in der Eingangshalle	mit allen Kindern der Gruppen
Exkursionen in Buchhandlung, Bäckerei usw.	erste Woche	Gruppenleiter/-innen/Team	je nach Ziel	mit jeweiliger Gruppe
Ideensammlungen in den Kitagruppen	Ende der ersten Woche	Gruppenleiter/-innen/Team	im Sitzkreis der Kitagruppen	mit jeweiliger Gruppe
Planung der Einzelprojekte in den Kitagruppen	zweite Woche	Gruppenleiter/-innen/ Team mit Kindern	im Sitzkreis der Kitagruppen	mit jeweiliger Gruppe
...	...	...	...	...

Auszug aus der Projektskizze zum Projekt „Einkaufszentrum"

2.3.6 Organisatorische Planung

Neben der inhaltlichen Planung eines Projektes erfolgt die organisatorische Planung und Vorbereitung. Eltern müssen über Ausflüge informiert werden, es sind geeignete Ziele von Exkursionen zu recherchieren, Verabredungen mit Expertinnen und Experten zu treffen, die einzelnen Aktivitäten des Projektes mit dem pädagogischen Alltag abzustimmen usw. Dazu gehören auch Überlegungen zu möglichen Kosten und Ressourcen. So kostet ein Museumsbesuch Eintrittsgeld, eine Busfahrt dorthin ist zu buchen und zu bezahlen und ebenfalls die Materialien für Experimente können Geld kosten. Notwendige Ressourcen können aber auch weitere Erwachsene sein, die als Unterstützung bei Ausflügen, Festen oder „Bauvorhaben" im Außengelände unabdingbar sind. Ein Projekt erfordert unter Umständen ebenfalls für eine Zeit die Umstrukturierung von Räumen – aus dem Werkraum wird ein Ausstellungsraum, aus der Eingangshalle ein Steinzeitlager.

Zugleich sollte die organisatorische Planung und Vorbereitung des Projektes genutzt werden, um im Team Zuständigkeiten festzulegen. Die eine Erzieherin hat mehr Freude daran, sich um die inhaltliche Seite des Projektes zu kümmern, die andere knüpft gern Kontakte zu Einrichtungen außerhalb der Kindertagesstätte oder zu Eltern, die als Expertinnen oder Experten in das Projekt integriert werden. Dabei muss berücksichtigt werden, wer welche Zeitressourcen zur Verfügung hat.

Aufgaben zu den Themen des Kapitels 2.3 finden Sie im Online-Material.
Im Zusatzmaterial 10 finden Sie Tabellen für Projektskizzen und in Zusatzmaterial 11 Leitfragen, die elementarpädagogische Fachkräfte bei der Planung eines Projektes beantworten müssen.

2.4 Projektdurchführung

„Nur ein schlechter Plan erlaubt keine Änderung."

(Publilius Syrus, römischer Schriftsteller, 1. Jh. v. Chr.)

Nach der Planungsphase und den Vorbereitungen kann die Durchführung des Projektes beginnen. Nun steht das Forschen und Entdecken der Kinder im Vordergrund. Die Planung stellt dabei einen Rahmen für die Aktionen und Aktivitäten der beteiligten Jungen und Mädchen dar. Es sind aber die jeweils konkret auftauchenden Fragen und Ideen der Kinder, die den Verlauf des Projektes bestimmen. Allerdings sind sie dabei auf die Anleitung der Erwachsenen angewiesen. Diese begleiten als pädagogische Fachkräfte oder als Eltern und Experten die Aktivitäten der Kinder und machen sie teilweise erst möglich. Es sind und bleiben aber die Projekte der Kinder.

„Ihre Durchführung erfolgt in unterschiedlichen Formen: Gespräche, Bauen und Erproben, Exkursionen, nachbereitende Spiele, Kleingruppenaktivitäten, die verschiedene Aspekte verfolgen können, Medien und Erklärungen etc. Indem die Thematik über unterschiedliche Aktivitäten angegangen und dadurch von verschiedenen Seiten erfahren wird, wird es in ‚spiralförmigem‘ Lernen erfasst: ‚Der fortwährende Wechsel von Gruppendiskussionen, Besichtigungen, Experimenten, Rollenspielen, Mal- und Bastelaktivitäten führt zu einem immer tieferen Eindringen in die jeweilige Thematik.‘ (Textor, 1999, S. 13)."

(Merkel, 2005, S. 78)

In aller Regel beginnt ein Projekt mit einer Aktion, die den Projektstart für alle deutlich macht und unterstreicht. Auf diese Weise wird vor allem jüngeren Kindern signalisiert, dass für eine Zeit ein bestimmtes Thema oder ein spezifischer Inhalt im Vordergrund steht und immer wieder aus unterschiedlichen Perspektiven angeschaut wird. Es kann aber auch sinnvoll sein, behutsamer in ein Projekt einzusteigen.

Der gemeinsamen Startveranstaltung oder Einstiegsaktion folgen dann die unterschiedlichen Aktivitäten des Projektes. Hierbei wechseln sich immer wieder die folgenden ko-konstruktiv ausgerichteten Phasen ab:

- Arbeitsplanung,
- Realisierung in Klein-, Einzel- oder Gesamtgruppenaktivitäten,
- Präsentation von Zwischenergebnissen sowie
- Reflexion, die überprüft, ob das geplante erreicht oder die gestellte Frage beantwortet wurde.

Die skizzierten Schritte ergeben eine immer wiederkehrende Folge, die einen sinnvollen Handlungsablauf verdeutlicht, der auch von den Kindern verinnerlicht werden kann.

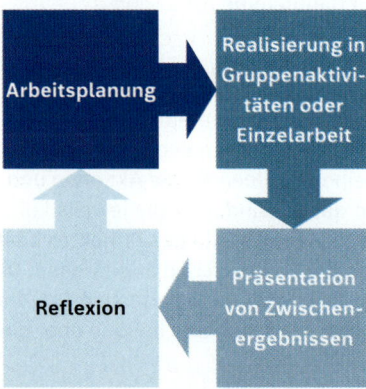

Handlungsfolge in der Durchführungsphase eines Projektes

Die einzelnen Phasen dieser Handlungsfolge unterstützen den Erwerb von Lern-kompetenzen bei den Kindern. Sie gibt den pädagogischen Fachkräften immer wieder die Gelegenheit, mit den Kindern gemeinsam über das Getane bzw. ihre Aktivitäten zu sprechen und auf diese Weise die strukturellen Zusammenhänge der Inhalte oder des Projektgegenstandes zu erfassen. Nach einem von den Kindern angeregten Ausflug in den nahen Steinbruch fragt die Erzieherin beispielsweise noch einmal nach, warum sie eigentlich dorthin gegangen sind, reflektiert mit ihnen, was sie gesehen haben, und wertet mit ihnen die entdeckten Fossilien aus. So wird den Kindern noch einmal deutlich, was „uralte" Dinge sind, die „steinalt" werden und in Stein bis in die Gegenwart überdauert haben. Es waren die Fragen der Kinder, die diese Aktivität angestoßen haben, vielleicht veranlasst von einem Jungen, der davon berichtet hatte, wie er mit seinem Opa im Steinbruch eine versteinerte Schnecke gefunden hat. Auf diese Weise lassen sich auf metakognitivem Wege Wissensinhalte vertiefen sowie Lern- und Arbeitsprozesse reflektieren und damit sinnvolle Problemlösestrategien im Bewusstsein der Kinder verankern (siehe Kap. 1.3.4 Lernkompetenz erwerben durch Metakognition, S. 37).

Jedes Projekt geht irgendwann auch einmal zu Ende. Es kann sein, dass der Abschluss bzw. sein Zeitpunkt vorher feststeht. Genauso ist es möglich, die Projektdauer vom Interesse der Kinder und ihrer Motivation abhängig zu machen. Solange sie Fragen stellen und Neugierde zeigen, wird die Auseinandersetzung mit dem Projektthema fortgesetzt. Ein Projekt sollte aber in keinem Fall „irgendwie ausplätschern", sondern einen deutlichen Schlusspunkt haben, der den Kindern das Ende der gemeinsamen Arbeit am Thema signalisiert. Damit der gesamte Prozess Wertschätzung erfährt und die Ergebnisse noch einmal herausgestellt werden können, bietet sich eine Abschlussveranstaltung an. Diese kann in Form eines Festes, einer Ausstellung oder einer Präsentation vor den Eltern oder den anderen Kindergartengruppen erfolgen und dazu dienen, das Erlebte und Erarbeitete vorzustellen.

Durchführungsphasen eines Projektes

1. Start in Form einer gemeinsamen Aktion, Aktivität oder Veranstaltung als gemeinsamer Einstieg

2. Entdeckendes und forschendes Lernen der Kinder in Form von einzelnen Aktivitäten:
   - Arbeitsplanung mit den Kindern
   - Realisierung in Kleingruppen, Einzelaktionen oder in der Kindergartengruppe
   - Präsentation von Zwischenergebnissen
   - Reflexion des bisherigen Verlaufs bzw. der eigenen Tätigkeits- und Lernprozesse

3. Abschlussveranstaltung mit Präsentation der Projektergebnisse

2.4.1 Gemeinsamer Einstieg

Ein Projekt beginnt bereits mit der Themenfindung und der darauf aufbauenden Planung und Vorbereitung. Auch daran werden die Mädchen und Jungen der Kindergartengruppe bereits beteiligt. Es bietet sich aber an, für die eigentliche Durchführung einen klaren „Startschuss" zu geben, damit die Kinder wissen, dass das Projekt nun läuft. Je nach Einrichtung und Konzeption kann es festgelegte Projekttage oder Projektzeiten geben. Zum Beispiel wird immer dienstags und donnerstags am Projekt gearbeitet, d. h., an diesen Tagen finden Aktivitäten zum Projekt statt. In diesem Fall „startet" das Projekt an einem der dafür vorgesehenen Tage.

Der gemeinsame Beginn liefert durchaus schon erste Informationen und führt in das Thema ein. Denkbar sind Aktionen wie (vgl. Stamer-Brandt, 2010, S. 69):

- ein gemeinsamer Ausflug zur Bäckerei, in das Museum oder in die Innenstadt mit Erkundungen zum Projektthema, Begegnungen mit Experten wie dem Bäckermeister oder eine Führung im Museum durch einen Fachmann wie etwa einem Paläontologen;

- eine Vernissage (mit Gebäck und Saft), bei der mit ersten Informationen in das Thema eingeführt wird;

- ein Treffen mit Eltern und Experten, bei dem Interessantes zum Thema erzählt und spannende Gegenstände mitgebracht und gezeigt werden, wie z. B. eine (überschaubare) Reihe von Geschäfts- und Ladeninhabern, die zum Thema „Einkaufszentrum" berichten und ihre Produkte zeigen (Brot und Torten, Kleidungsstücke, Radio usw.);

- ein kurzer Einstiegsfilm, z. B. über Dinosaurier;

- ein Besuch in der Bücherei, wo eine Reihe von Bilderbüchern zum Thema vorausgewählt wurde und dann zur Verfügung steht.

Oft wird diese Startaktion gemeinsam mit den Kindern im Rahmen der Vorüberlegungen und bei der Erstellung einer Projektskizze geplant. Ausgehend von ersten Gesprächen über das gemeinsam festgelegte Thema haben die Kinder bereits zusammengetragen, was sie jeweils darüber wissen. Hierbei kann schon eine Idee für eine Startveranstaltung entstehen. Ob dabei bereits Öffentlichkeit durch die Einladung der Eltern, Nachbarn oder Träger- und Gemeindevertreter hergestellt wird, hängt sicherlich von Art und Umfang des Projektes ab.

In der Anfangsphase eines Projektes geht es vor allem darum, das Interesse aller Kinder zu wecken und zu vertiefen. Ein weiteres wichtiges Ziel besteht darin herauszufinden, welches Vorwissen und welche Erfahrungen die Kinder zum jeweiligen Thema haben. Wenn es keine besondere Startveranstaltung geben soll, bietet sich als Einstieg in das Projekt ein Gespräch mit den beteiligten Kindern an. Eine ungestörte Atmosphäre im Sitzkreis hilft dabei, sich gemeinsam dem Thema zu nähern.

„Dazu lässt man die Kinder erzählen – von relevanten Erlebnissen und Erfahrungen, von Beobachtetem und Gehörtem, von ihren Gedanken und Gefühlen. Die Erzieher/-innen und andere Kinder erreichen durch Nachfragen, dass die Berichte möglichst umfassend und ausführlich sind (‚Und wie sahen die Schuhe aus, die ihr gekauft habt?‘, ‚Und was hast du mit der Schuhverkäuferin gesprochen?‘). Dabei wird deutlich, welche Aspekte der Thematik für Kleinkinder besonders interessant sind – sie sollten dann im weiteren Verlauf des Projektes besonders beachtet werden. Unter Umständen muss an dieser Stelle bereits von der bisherigen Projektplanung abgewichen werden."

(Textor, 1999b, o. S.)

Da die Aufmerksamkeitsspanne von Kindern im jungen Alter noch recht kurz ist, sollten solche Gespräche zeitlich eher knapp bemessen werden. Günstiger ist es, die Gespräche mehrmals hintereinander stattfinden zu lassen. Zudem können Kinder auch mit Aufträgen nach Hause geschickt werden, wie z. B. bei der Planung des Dino-Projektes geschehen (siehe S. 99). Auf diese Weise gelangt das Projektthema in die Familien, denn die Kinder sprechen mit den Eltern und bringen unter Umständen neue Kenntnisse und Ideen wieder mit in die Kindertagesstätte.

Beispiel: Dino-Projekt
In der Eulengruppe soll das Dino-Projekt an einem Dienstag beginnen. Im Sitzkreis am Morgen, dem Morgenkreis, gibt die Erzieherin Katharina Winter den „Startschuss". Sie hat dazu noch einmal den Brachiosaurus aus Kunststoff mit einer Länge von ca. 50 Zentimetern mitgebracht, dem die Kinder den Namen „Brachi" gegeben haben und der zu einer Art Maskottchen für das Projekt geworden ist. Sie erklärt, dass sich einige Mädchen und Jungen sehr für diese Tiere aus der Urzeit interessieren und

Einstieg in ein Projekt

dass daher in der nächsten Zeit immer an den Projekttagen Aktivitäten dazu angeboten werden sollen, an denen sich die beteiligen können, die dazu Lust haben. Als Kerngruppe der interessierten Kinder erweisen sich dabei schnell die „Schulkinder", d. h. die Kinder, die nach dem Sommer zur Schule gehen werden. Gerade von ihnen waren die Fragen zu den Dinos ausgegangen.
Aufgrund der Vorüberlegungen und Planungen möchte Katharina Winter mit allen Kindern als Startveranstaltung ins Museum gehen. Dann bespricht sie noch mit der Gruppe, was darüber hinaus an Angeboten und Aktivitäten geplant ist. Dafür ist jeweils die Zeit nach dem Frühstück an den Dienstagen und Donnerstagen vorgesehen. Sie fragt aber

auch nach weiteren Ideen der Kinder und weist außerdem auf die Bücher zum Thema in der Bücherecke sowie den Materialtisch hin, auf dem Fossilien, weitere Kunststoffsaurier und andere Gegenstände zu finden sind.

Damit ist der Einstieg in die Durchführung des Projektes geschafft und die Kinder wissen jetzt, was in der nächsten Zeit anliegt. Sie sind schon sehr neugierig und unterhalten sich auch untereinander häufig über das Projektthema.

2.4.2 Entdeckendes und forschendes Lernen der Kinder in Form von Aktivitäten

Im Zentrum der Projektdurchführung steht das entdeckende und forschende Lernen und Handeln der Kinder. Dazu setzen sie sich möglichst eigenständig mit den Inhalten bzw. Themen des Projektes auseinander und folgen dabei ihren Fragen und Interessen. Neben den didaktisch-methodisch geplanten Angeboten und Aktionen für Kleingruppen oder die Gesamtgruppe sollten zusätzlich möglichst vielfältige Materialien, Bilderbücher und Gegenstände für die eigentätige Beschäftigung zur Verfügung stehen. So können sich alle in der Ankommensphase oder im Freispiel – wenn anwesend, auch gemeinsam mit den Eltern und Geschwistern – mit den Dingen befassen, die zum Projekt gehören. Häufig nehmen die Kinder diese Möglichkeit wahr, um selbstständig und spielerisch das bisher Erfahrene und Gehörte bzw. Gesehene in seinen einzelnen Aspekten „durchzuarbeiten". Einige Kinder nehmen etwa die Dinosaurier, die zu einer auf einem Tisch gestalteten Urzeitlandschaft mit Farnen und einem kleinen Pappmascheevulkan gehören, heraus und spielen damit „Dinosaurierfamilie". Oder ein Junge nimmt sich ein Bilderbuch zum Thema „Bäcker und Brot" (z. B. „Der Bäcker, das Brot und ich: Die Welt und ich" von Sibylle und Jürgen Rieckhoff) zur Hand und schaut sich noch einmal an, was er auf einer Exkursion erfahren hat. Die Freispielphase erfüllt damit eine wichtige Funktion im Rahmen eines Projektes.

Ein Projekt gibt Kindern vielfältige Gelegenheiten zum entdeckenden und forschenden Lernen. Die Freispielphase bietet den beteiligten Mädchen und Jungen darüber hinaus Möglichkeiten, sich mit einzelnen Aspekten des Projektthemas eigentätig zu befassen.

In dieser Phase gibt es keinen eindeutig festgelegten Ablauf, sondern Kinder und die pädagogische Fachkraft durchlaufen immer wieder die einzelnen Schritte der gemeinsamen Arbeitsplanung, der Realisierung geplanter Aktivitäten sowie der Präsentation der Ergebnisse und ihrer Reflexion. Zusammenfassend besteht die Aufgabe der Fachkräfte darin, die Aktionen der Kinder anzuleiten und zu begleiten sowie ihnen eine geeignete Lernumgebung zu schaffen.

Anleitung meint hierbei, dass Erzieherinnen oder Erzieher auf die Richtung und Ausrichtung der Lernprozesse der Kinder Einfluss nehmen. Dies kann z. B. erforderlich sein, wenn die Kinder an einer Stelle mit der selbstbestimmten Gestaltung der Lernprozesse überfordert sind und die Unterstützung einer erwachsenen Person notwendig wird. Ebenso kann es wichtig sein, Themen oder Inhalte einzubringen, die sich außerhalb des Blickwinkels der Kinder befinden. So erklärt die Erzieherin beim Ausflug zu einem Kornfeld beispielsweise, um welche Art Getreide es sich handelt und was daraus hergestellt wird. Hier überwiegen dann Aspekte der direkten Erziehung.

Begleitung dagegen meint im Kontext einer indirekten Erziehung die Unterstützung der kindlichen Lernprozesse, ohne auf deren Richtung bewusst Einfluss zu nehmen. So beantworten die Pädagoginnen und Pädagogen nur die Fragen, die an sie herangetragen werden, oder stellen Materialien zur Verfügung, um die Kinder wieder auf den Weg zu bringen oder ihnen weiterzuhelfen. Wenn Kinder ratlos vor einem immer wieder aus der Form geratenen Sandberg stehen, der ein Schloss für eine Prinzessin werden soll, könnte die Frage der Fachkraft weiterhelfen, welche Möglichkeiten es denn gäbe, den Sand formbarer zu machen. Auf diese Weise sollen die Kinder selbst Lösungen finden und erproben.

Die pädagogische Kunst gerade in der Arbeit mit Kindern im frühen Alter besteht darin, eine Balance zwischen Anleitung und Begleitung herzustellen. Die motivierte Eigenständigkeit der Kinder muss sich ihre eigenen Wege suchen können, wobei Irrwege und Sackgassen durchaus pädagogisch fruchtbar sein können. Dabei ist der Lernbegleitung der Vorzug zu geben, weil sie dem in Projekten zu bevorzugenden Konzept der indirekten Erziehung eher entspricht (siehe Kapitel 1.3.2 „Vorrang der indirekten vor der direkten Erziehung", S. 27).

Arbeitsplanung mit den Kindern

Ein Projekt lebt von der Mitwirkung der beteiligten Mädchen und Jungen an der konkreten Gestaltung des Verlaufs. Dieser Prozess der Mitbestimmung ist das, was hier unter Arbeitsplanung verstanden wird. Dazu treffen sich die pädagogischen Fachkräfte und die Kinder, um gemeinsam die nächsten Schritte zu besprechen und festzulegen.

Die durchgehende gemeinsame Arbeitsplanung im Gespräch von Kindern und erwachsenen Pädagoginnen und Pädagogen stellt ein wichtiges Instrument dar, um die Gestaltung des Projektes durch die beteiligten Kinder zu gewährleisten.

Wenn z. B. eine Exkursion ins Museum ansteht, bespricht die pädagogische Fachkraft mit den Kindern, was das Ziel der Aktion sein soll und was dafür bedacht werden muss. Ausgangspunkt ist also eine Problemstellung, die es nun von allen gemeinsam zu lösen gilt. Wenn die Kinder mit ihren Lernprozessen dabei im Mittelpunkt stehen sollen, bietet sich vor allem das Gespräch in der Kleingruppe an. Nur hier können sich alle Beteiligten in die Überlegungen mit einbringen und die pädagogische Fachkraft mit den Jungen und Mädchen beispielsweise in einen „dialogisch-entwickelnden Aushandlungsprozess" eintreten (siehe S. 42).

Bei den gemeinsamen Planungen ist zu berücksichtigen, dass Kinder im Kindergartenalter noch nicht alles von vorn bis hinten vollständig im Blick haben. Die nächsten vier oder fünf Schritte sind daher vollauf genug, geben den Kindern eine Orientierung und zeigen ihnen, dass es ihre eigenen Überlegungen sind, die den Verlauf des Projektes mitbestimmen.

Zudem können gerade jüngere Kinder häufig nur bedingt ihre Ideen und Überlegungen konkret und präzise auf einer sprachlichen Ebene einbringen. Hier ist es die Aufgabe der pädagogischen Fachkraft, eine vertraute und sichere Atmosphäre zu schaffen und zu erfassen, was ein Kind sagen will bzw. genau meint. Ansonsten bietet es sich an, Bilder zur Veranschaulichung zu benutzen oder andere Hilfsmittel und Medien, um damit kreative Wege des Austauschs von Ideen zu suchen.

Auf diese Weise wird den beteiligten Kindern bewusst, dass dieser Prozess ein Lernprozess ist und ein Projekt zu neuen Erkenntnissen verhilft. Sie begreifen, dass man durch selbst geplante Forschungs- und Entdeckungsaktionen sein Wissen erweitern kann. So wird die lernmethodische Kompetenz der Kinder gefördert. Außerdem steigert es ihr Selbstwertgefühl und macht sie stolz, dass sie ihre eigenen Projekte mitbestimmen sowie ihre eigenen Fragen beantworten können.

Wenn die Arbeitsplanung gelaufen ist und die nächsten Aktivitäten feststehen, sollten der Planungsprozess und seine Ergebnisse kindgerecht dokumentiert werden. Dafür reicht es, nur die nächsten Aktionen und einige wenige Aufgaben, die einzelne Kinder übernehmen möchten, bildlich darzustellen. So kann auf dem Projektplan als Plakat an der Wand „notiert" werden, wer ein Bilderbuch mitbringen oder die Eltern fragen will, ob sie einen zum Projekt passenden Gegenstand zu Hause haben.

Kinder und Erzieher in der Arbeitsplanung

Beispiel: Projekt „Einkaufszentrum"

In der Eulengruppe wird das Thema „Bäckerei" verfolgt. Mit einer Gruppe von Kindern hat Katharina Winter im Sitzkreis darüber gesprochen, dass Brot unter anderem aus Mehl gebacken wird. Mit den Kindern überlegt sie nun gemeinsam, wie aus dem Getreide Mehl wird. Sie steigt mit einer offenen Frage ein:
„Erzählt mir doch einmal, was ihr schon alles über Getreide wisst."
Die Kinder berichten von Spaziergängen durch ein Getreidefeld, von Körnern im Müsli der Mama, die sagte, das sei auch Getreide usw.

„Was denkt ihr, wie wird aus dem körnigen Getreide das weiße Mehl?"
Die Erzieherin versucht, die Kinder durch offene Fragen zum Nachdenken über ein Problem anzuregen und eigene Ideen zu dessen Lösung zu entwickeln.
„Das wird so kleingeschnitten, so ganz klitzeklein", schlägt der sechsjährige Simon vor.
„Gute Idee", meint die Erzieherin. „Was meinen die anderen dazu?"
Nach einigen Überlegungen kommen die Kinder auf den Gedanken, dass es eine Mühle mit einem Mahlwerk ist, die aus den Getreidekörnern das weiße Mehl macht.
Katharina Winter fragt nun weiter: „Wenn wir das genauer wissen wollen, was können wir da tun?"
Die Kinder besprechen die Frage und es entsteht – auch auf Anregung der Erzieherin hin – die Idee, im Heimatmuseum am Ort die Windmühle zu besuchen. Dort gibt es Vorführungen, bei denen ein alter Müller das Getreide zu Mehl verarbeitet.
Es werden die nächsten Schritte besprochen. Die Kinder wollen gleich, dass die Erzieherin dort anruft, damit sie sofort dorthin können. Die Erzieherin lässt sich darauf ein und so wird die Exkursion zeitnah geplant.
Auf den Projektplan wird für den nächsten Donnerstag ein Bild mit einer Mühle geklebt, sodass alle Kinder der Eulengruppe wissen, dass an diesem Tag ein Ausflug ins Heimatmuseum geplant ist.

Realisierung in Kleingruppen, Einzelaktionen oder in der Kindergartengruppe

Die der Arbeitsplanung folgenden Aktivitäten des Projektes sind als Lerngelegenheiten für Jungen und Mädchen im Kindergarten zu gestalten. Manchmal werden gleichzeitig verschiedene Aktivitäten parallel angeboten, z. B. liest eine Fachkraft in einem Raum etwas zum Thema „Dinosaurier" vor. Gleichzeitig bietet die Praktikantin im Werkraum ein Kreativangebot mit Farben an, bei dem es darum geht, Grüntöne zu mischen und die Farben der Dinosaurier zu produzieren oder mit Rot-Orangetönen feuerspeiende Vulkane zu erstellen.

Dabei werden die Kinder häufig in Kleingruppen, seltener allein, und manchmal in der gesamten Kindergartengruppe aktiv. Vor allem das Aktivsein und Aktivwerden ist dabei von zentraler Bedeutung, da es das frühkindliche Lernen unterstützt. Aber auch wenn die eigenaktiven und selbstgesteuerten Lernprozesse der Kinder in diesen Phasen im Vordergrund stehen, bleibt es die Aufgabe der pädagogischen Fachkraft, immer wieder durch begleitende Gespräche bzw. kurze Hinweise dafür zu sorgen, dass die Kinder die einzelnen Aktivitäten in den Zusammenhang der Auseinandersetzung mit dem Projektthema einordnen.

Nach Fthenakis (u. a., 2009b, S. 161 f.) finden bei den systematischen Erkundungen zum Projektthema vielfältige Aktivitäten statt.

- „Sie beobachten genau (z.B. ‚Holz schwimmt auf dem Wasser');

- sie explorieren die Eigenschaften und das Verhalten von Objekten (z.B. ‚Was passiert, wenn man eine Gummiente untertaucht?');

- sie vergleichen Vorgänge, finden Gemeinsamkeiten und Unterschiede heraus (z.B. ‚ein Stück Holz schwimmt, ein Stein nicht') und bilden daraus Klassen ähnlicher Phänomene (z.B. ‚Objekte, die schwimmen und solche, die sinken');

- sie halten ihre Beobachtungen fest (z.B. mit Zeichnungen, Fotos usw.);

- sie führen Messungen durch (z.B. das Gewicht der Dinge, die schwimmen, und derjenigen, die sinken);

- sie spielen Rollenspiele;

- sie entwickeln Hypothesen und überprüfen diese (z.B. (irrtümlich) ‚Dinge aus Holz schwimmen, solche aus Metall nicht; leichte Dinge schwimmen, schwere Dinge sinken');

- sie sammeln Informationen, z.B. indem sie Bücher betrachten oder außerhalb der Einrichtung Menschen befragen, die etwas zum Thema sagen können;

- sie machen Exkursionen zu bedeutsamen Schauplätzen;

- sie singen, musizieren und tanzen zum Projektthema."

Bei der Durchführung der Tätigkeiten und Aktionen der Kinder ist mitzubedenken, dass und wie sie dokumentiert werden. Dazu bieten sich Fotos, Filme, aber auch Plakate, Ausstellungen und von Kindern diktierte Texte an. Wichtig ist, dass es für die Kinder Gewohnheit wird, nicht nur entdeckend und forschend aktiv zu werden, sondern auch ihr Handeln und Vorgehen festzuhalten. Damit wird zum einen die Grundlage geschaffen für die Präsentation der Projekt(zwischen)ergebnisse und die Reflexion des Projektverlaufs. Zum anderen haben Dokumentationen noch weitere pädagogische Funktionen, die weiter unten beschrieben werden (siehe Kapitel 2.5 „Projektdokumentation und Projektevaluation", S. 118).

Bei einigen Aktivitäten macht es Sinn, die Eltern mit einzubeziehen. Sie stellen eine wichtige Ressource dar und können bei Ausflügen unterstützen, aber auch als Expertinnen und Experten ihr Wissen und ihre Erfahrungen mit einbringen, etwa wenn sie als Polizist oder Ärztin von ihrem Beruf erzählen, als Hobbyarchäologe versteinerte Fossilien mitbringen usw. Vor allem aber dient es der Motivation der Kinder. Nicht zuletzt bietet dies den Eltern eine gute Gelegenheit, an den Lernprozessen ihrer Kinder teilzuhaben. Das sollte schon bei der Planung des Projektes mitbedacht werden. Der Erzieherin oder dem Erzieher obliegt es dann, die Eltern oder andere Familienangehörige entsprechend in den Projektverlauf einzubeziehen, aber auch darauf zu achten, dass es das Projekt der Kinder bleibt.

Auch die Öffnung zum Gemeinwesen bildet ein wichtiges Merkmal von Projekten im Kindergarten. So oft wie möglich sollten Projekte genutzt werden, um Einrichtungen, Gebäude und Menschen in der Gemeinde oder Stadt zu besuchen, in der sich die Kindertagesstätte befindet. So erhalten Kinder schon früh einen Eindruck davon, in welchem Umfeld sie leben, lernen und aufwachsen. Dies kann einer zunehmenden Ausgliederung von Kindern aus der Erwachsenenwelt entgegenwirken (vgl. Textor, 2009, S. 11). Zudem sind Mädchen und Jungen im frühen Alter oftmals sehr interessiert daran zu erkunden, was sie umgibt, was Erwachsene in ihrem Umfeld tun und wie ihr Wohnort außerhalb des Kindergartens aussieht. Daneben gibt es auch vielfältige Möglichkeiten, Expertinnen und Experten aus dem Gemeinwesen einzuladen, die von ihrer Arbeit, ihrem Hobby oder ihrem Leben berichten können.

Projektaktivitäten stellen hohe Anforderungen an elementarpädagogische Fachkräfte. Sie müssen sich dabei als Lernbegleiter bzw. Lernbegleiterinnen verstehen, die zugleich Impulse geben, unterstützen, Material zur Verfügung stellen sowie die Interessen und Fragen der Kinder aufnehmen und bei der weiteren Projektgestaltung mit berücksichtigen. Das ist häufig ein Balanceakt zwischen Anleitung und Begleitung, zwischen Lernen auf der Grundlage von Konstruktion und Instruktion.

Daher müssen erwachsene Fachkräfte sich immer wieder fragen, ob sie noch „auf Kurs" sind und den wesentlichen didaktisch-methodischen Ideen eines Projektes in ihrem Kindergarten folgen sowie in ihrem Handeln beachten. Folgende Reflexionsfragen können hierbei hilfreich sein:

- Achten die pädagogischen Fachkräfte auf die wesentlichen Merkmale der Projektmethode: Offenheit, Selbsttätigkeit der Kinder, forschendes Lernen durch Erfahrungen und Handeln der Kinder sowie Begleitung im Dialog durch die Erwachsenen?

- Bestimmen die Kinder den Projektverlauf mit? Sind es deren Fragen und Interessen, die bei der Ausgestaltung des Projektes im Vordergrund stehen? Gelingt Partizipation?

- Werden alle Ressourcen und Kompetenzen genutzt, über die die pädagogischen Fachkräfte und die Kinder verfügen?

- Werden die Eltern und Familien, aber auch Möglichkeiten des Gemeinwesens genügend genutzt, um den Projektverlauf zu unterstützen?

- Sind die Räume, Materialien und Medien angemessen, um den Projektverlauf optimal zu unterstützen?

- Wird genügend Zeit darauf verwandt, die einzelnen Projektaktivitäten zu dokumentieren?

- Sorgen die pädagogischen Fachkräfte dafür, dass die Zwischenergebnisse vorgestellt und auch für andere Kinder der Einrichtung zugänglich gemacht werden?

- Werden Gelegenheiten genutzt, um mit den Kindern gemeinsam das Erfahrene, aber auch das Vorgehen und den Prozess des Lernens zu reflektieren?

Beispiel: Dino-Projekt

Nachdem die Exkursion ins paläontologische Museum mit den Kindern vorbesprochen worden ist, fährt die Eulengruppe am heutigen Vormittag endlich dorthin. Sie können eine Buslinie nutzen, die sie direkt zum Museum bringt. Da für die 21 anwesenden Kinder zwei Pädagogen als Aufsicht etwas knapp sind, wurden drei Mütter gebeten mitzukommen.

Im Museum wird die Kindergartengruppe von Herrn Dr. Geller begrüßt, der dort als Paläontologe arbeitet. Er führt sie als Erstes zu dem Skelett eines Plateosaurus, das im Museum ausgestellt wird und als dessen Sensation gilt. Die Kinder sind von dem Skelett sehr beeindruckt und stellen ihrem Museumsführer sehr viele Fragen. Vor allem die Größe versetzt sie in Erstaunen. Auch die übrigen Ausstellungsstücke finden sie interessant, aber in erster Linie beschäftigt sie der Plateosaurus. Er wird mit dem mitgebrachten Fotoapparat mehrfach fotografiert.

Im Anschluss dürfen die Kinder in kleinen Gruppen allein durch das Museum gehen und sich die einzelnen Ausstellungsstücke aus der Vorgeschichte der Erde anschauen. Verwundert stellen einige Mädchen fest, nachdem ihnen eine Mutter die Infotafeln bei den Fossilienfunden aus dem nahen Steinbruch vorgelesen hat, dass es schon damals Schnecken gab.

In der museumspädagogischen Abteilung können die Kinder ihre Eindrücke in der Gestaltung von Zeichnungen verarbeiten. Zugleich liegen dort Fundstücke aus, die sie in die Hand nehmen und befühlen können.

Auf dem Rückweg im Bus und auch in den nächsten Tagen befassen sich die Kinder immer wieder mit den Erlebnissen im Museum und tauschen sich über ihre Erfahrungen und Erkenntnisse aus.

Kind im paläontologischen Museum

Präsentation von Zwischenergebnissen und Reflexion des bisherigen Verlaufs bzw. des eigenen Arbeits- und Lernprozesses

Projekte als Lerngelegenheit im Kindergarten erfordern, dass die einzelnen Aktivitäten der Kinder im Dialog begleitet werden. Das Lernen der beteiligten Mädchen und Jungen durch eigene Erfahrungen im Handeln muss durch reflektierende und den Kompetenzerwerb bewusstmachende Interaktionen unterstützt werden. Auf diese Weise gelingt Bildung auf der Basis ko-konstruktiven Wissenserwerbs. Daher sollte eine Erzieherin bzw. ein Erzieher jede Gelegenheit nutzen, um mit einzelnen Kindern über den Verlauf des Projektes ins Gespräch zu kommen sowie deren Auseinandersetzung mit dem Thema durch Interaktion und Metakognition zu fördern.

Im Projektverlauf sind immer wieder Räume für Interaktion und Metakognition zu schaffen und zu nutzen, die den lernförderlichen Dialog zwischen Kind und erwachsener Fachkraft unterstützen.

Die Präsentation der Zwischenergebnisse bzw. des Zwischenstandes des Projektes eignet sich dazu in besonderer Weise. Gerade hier ist ein hohes Involvement der pädagogischen Fachkraft gefragt, also ein authentisches Interesse an den Ergebnissen und Gedanken der Kinder. Durch geschickte Gesprächsführung kann zudem Spannung und Interesse erzeugt werden. Ob die Präsentation der Zwischenergebnisse jedes Mal im Anschluss an eine Projektaktivität stattfindet oder jeweils zu einem festgelegten Zeitpunkt in der Woche, hängt vom Einzelfall ab bzw. von den konzeptionellen Vorstellungen im Team einer Kindertagesstätte.

Bei der Darstellung des Zwischenstandes tauschen sich die Kinder, die sich teilweise in Kleingruppen mit unterschiedlichen Teilaspekten beschäftigt haben, über ihre Erfahrungen, Erkenntnisse und Erlebnisse aus. War die gesamte Gruppe zu einer Exkursion, geht es eher um eine Zusammenschau und Reflexion der einzelnen Perspektiven und Beobachtungen der beteiligten Mädchen und Jungen. Alle, die mögen, erzählen, was ihnen gefallen hat, was sie lernen konnten und erfahren haben sowie welche weiteren Fragen sich daraus ergeben. Geht es um die Erstellung eines Produkts, kann der jeweilige Arbeitsstand gezeigt werden.

Diese Phase sollte nicht allzu lang sein, um die Aufmerksamkeitsspanne der beteiligten Mädchen und Jungen nicht zu überschreiten. Bei älteren Kindern kann man sicherlich 20 bis 30 Minuten veranschlagen. Sind kleinere Kinder dabei, ist das Gespräch situationsangepasst zu kürzen.

Ausgangspunkt der Gespräche über den Verlauf im Projekt kann ein Austausch über mitgebrachte Gegenstände, über Fotos oder über Eindrücke und Erfahrungen von einer Exkursion sein. Auch etwas längere Präsentationen über einzelne Aspekte sind denkbar, die aber nicht mehr als etwa 5 bis 10 Minuten umfassen sollten und von den Kindern mithilfe von veranschaulichenden Gegenständen, Medien usw. durchgeführt werden. Jüngere Kinder können dazu eher ihre selbst gemalten Bilder (z. B. Brote, Brötchen und andere Backwaren), selbst gestalteten Gegenstände (z. B. Brote aus

Pappe) oder selbst erdachten Rollenspiele (z. B. ein Gespräch zwischen einem Kunden und einer Verkäuferin in einer Bäckerei) einbringen. Außerdem können sie von ihren Beobachtungen und Erfahrungen mit eigenen Worten kurz berichten. Ältere Kinder sind auch schon in der Lage, symbolische Darstellungsformen zu wählen und mithilfe von Fotos, Diagrammen und Zeichnungen etwas zu erläutern.

Ziel ist es, die jeweiligen Erfahrungen der Mädchen und Jungen während des Projektes im Rückblick als Lernprozess bewusst zu machen und das Erreichte zu würdigen. Kinder benötigen zwischendurch immer wieder wohldosierte Anerkennung und können damit nicht bis zum Projektende warten. Auch dazu dienen die Präsentationen der Zwischenergebnisse bzw. des jeweils erreichten Standes im Projekt. Gleichzeitig soll dies auch zur Fortsetzung der Arbeit motivieren, andere Kinder zum Mitmachen einladen sowie die Grundlage für die Reflexion und gegebenenfalls die weitere Arbeitsplanung bilden.

Dieser intensive wechselseitige Gesprächs- und Erfahrungsaustausch trägt dazu bei, dass eine Grundlage gegenseitigen Verstehens für alle Kinder, auch für die nicht am Projekt beteiligten, geschaffen wird. Weitere Fragen und Ideen werden entwickelt sowie Interesse an einer noch intensiveren Beschäftigung mit bestimmten Teilaspekten und Teilthemen im Projekt geweckt. Auf diese Weise sind es die Vorschläge und Wünsche der Kinder, die den Projektverlauf gestalten.

Beispiel: Dino-Projekt

Nach dem Museumsbesuch werden die Erfahrungen und Erlebnisse der einzelnen Kinder im Morgenkreis der Eulengruppe noch einmal ausgetauscht und besprochen. Einige ältere Kinder sagen noch einmal etwas zu den über Beamer gezeigten Fotos des Plateosaurus. Sie berichten davon, dass er ein Pflanzenfresser war, bis zu 10 Meter lang werden konnte, auf zwei Beinen gelaufen ist usw. Einige berichten auch von den Fossilien und von den „uralten" Schnecken. Andere zeigen ihre selbst gemalten Bilder und so kommt es zu einem regen Austausch über die Erlebnisse im Museum.

Katharina Winter fragt die Kinder dann noch einmal, warum sie eigentlich in das Museum gegangen sind, was sie dort erfahren wollten und ob sie etwas gehört oder gesehen haben, was sie vorher noch nicht wussten. Über diese Fragen möchte sie den Kindern bewusst machen, wie sie Antworten auf ihre eigenen Fragen erhalten haben und dass ein Museumsbesuch dazu dienen kann, etwas Neues zu lernen. Sie versucht, durch diese metakognitiv ausgerichtete Interaktion, die laufenden Lern- und Problemlösungsprozesse mit den Kindern zu reflektieren und deren Lernkompetenz auf diese Weise zu vertiefen. Aus dem gleichen Grund erinnert sie die Jungen und Mädchen ihrer Gruppe auch daran, wie sie zuvor im Gespräch überlegt haben, wie groß Dinosaurier eigentlich gewesen seien und wie man das herausbekommen kann. Dann wird noch über die Skelette gesprochen und darüber, dass man die Farbe der Dinosaurier eigentlich nicht genau kennt, weil ja keine Haut mehr von ihnen existiert. Nach einer Viertelstunde Gespräch liest sie noch aus dem Buch „Der kleine Dino" von Marcus Pfister vor und zeigt dazu die Bilder.

Einige Kinder gehen danach zum Maltisch und wollen Dinobabys zeichnen, die gerade aus ihrem Ei schlüpfen.

Vertiefung des Themas durch das Vorlesen einer Geschichte

2.4.3 Abschlussveranstaltung mit Präsentation der Projektergebnisse

Ein Projekt endet in aller Regel mit einer Abschlussveranstaltung:

- Dabei kann es sich z. B. um eine Veranstaltung handeln, bei der die Kinder die Ergebnisse ihrer Handlungs- und Arbeitsprozesse präsentieren, etwa in Form einer Ausstellung von Werken oder Fundstücken, eines Videofilms oder einer Vorführung;

- es kann eine Aktion wie ein Fest oder eine Aufführung als Abschluss gewählt oder

- ein Ausflug durchgeführt werden, auf den die vorangehenden Aktivitäten vorbereiten.

Die genannten Beispiele zeigen die Bandbreite der Möglichkeiten für einen Projektabschluss.

Wann ein Projekt zu Ende ist, richtet sich häufig nach den Bedürfnissen der Kinder und lässt sich oftmals vorher nicht genau festlegen. Hier gilt es, aufmerksam zu sein, wann die Fragen der Kinder beantwortet sind bzw. ihr Interesse für den Projektgegenstand nachlässt (vgl. Fthenakis u. a., 2009b, S. 164). Sicherlich lässt sich die Neugierde durch neue Impulse der Erzieherin bzw. des Erziehers von Neuem wecken, aber das sollte nicht überstrapaziert werden.

Es bietet sich an, die Kinder an den Überlegungen zur Abschlussveranstaltung zu beteiligen. So können sie ihre Ideen und Wünsche einbringen und erhalten auch an dieser Stelle Gelegenheit, sich in Mitbestimmung und Verantwortungsübernahme zu üben. Auch hierbei ist zu beachten, dass die Inhalte anschaulich dargeboten werden, nicht zu viele Möglichkeiten zugleich erörtert werden und auch auf alle Beiträge eingegangen wird; auch die stillen Mädchen und Jungen müssen sich einbringen können usw.

Eine Abschlussveranstaltung verfolgt den Sinn, wie der Name schon sagt, ein Projekt abzuschließen. Dahinter steckt aber mehr, als dessen Ende zu kennzeichnen. Sie kann auch den Höhepunkt des Projektes bilden, auf den die bisherigen Aktionen und Angebote zulaufen. Die Auseinandersetzung in einem Kunstprojekt mit Künstlerinnen bzw. Künstlern und deren unterschiedlichen Kunststilen in der Malerei führt beispielsweise dazu, dass die Projektgruppe ein Kunstmuseum besucht und die Mädchen und Jungen daran anschließend eigene Versuche unternehmen, den Stil der kennengelernten Kunstschaffenden in ihren Zeichnungen nachzuempfinden. Höhepunkt und Abschluss des Projektes ist dann eine eigene Kunstausstellung in der Halle der Kindertagesstätte. Hier wird darauf geachtet, dass die Kunstwerke der Kinder im richtigen Rahmen ausgestellt werden, einen eigenen Titel haben usw.

Durch diesen Projektabschluss erfahren die Kinder zum einen Wertschätzung für ihr Tun und für das, was sie im Projekt gemacht haben. Sie sind stolz auf ihre Kunstwerke und darauf, dass sie anderen präsentiert werden. Auf diese Weise wächst die Motivation zu weiteren Projekten.

So werden aber zum anderen auch die übrigen Kinder der Einrichtung darüber informiert, was im Projekt gelaufen ist. Deren Neugier wird geweckt und die Bereitschaft, ebenfalls an einem solchen Kunstprojekt teilzunehmen.

Abschlussveranstaltungen wie diese bieten zudem gute Möglichkeiten der Öffentlichkeitsarbeit. So kann in der regionalen Zeitung ein kurzer Artikel über die Ausstellung erscheinen oder die Eltern und Familien der Kinder werden eingeladen.

„Derartige Formen der Präsentation bieten den Kindern einen befriedigenden Projektabschluss und ein besonderes Erfolgserlebnis, da ihre Bemühungen in einem sicht- und greifbaren Ergebnis münden und von anderen gewürdigt werden."

(Fthenakis u. a., 2009b, S. 164)

Bei vielen Formen von Abschlussveranstaltungen lässt es sich einrichten, dass die am Projekt beteiligten Kinder ihre Ergebnisse selbst präsentieren. So können die Mädchen und Jungen eines Projektes in der Kinderversammlung der gesamten Einrichtung ihre Produkte zeigen oder mit einem Satz bzw. einigen wenigen Worten sagen, was sie gemacht haben. In jedem Fall sollte jedes Kind in irgendeiner Form einbezogen werden. Wer sich nicht so gern im Rampenlicht aufhält, kann sich um die Dekoration oder die Requisiten kümmern, als Gästeführer zur Verfügung stehen oder eine andere Aufgabe übernehmen. Hier sind die erwachsenen Fachkräfte gefordert, gemeinsam mit den Kindern zu überlegen, wer was übernehmen kann. Auch die Moderation einer solchen Präsentation sollte durch die Fachkräfte erfolgen, unterstützt vielleicht durch ein oder zwei ausgewählte Projektteilnehmerinnen oder -teilnehmer.

Beispiel: Dino-Projekt

Im Dino-Projekt überlegen die beteiligten Kinder gemeinsam mit ihrer Erzieherin Katharina Winter, was und wie sie den anderen Kindern und den Eltern von ihren Erfahrungen und Erlebnissen berichten können. Es kommen Ideen, wie die Eltern doch ins Museum einzuladen oder den großen Dinosaurier von dort in den Kindergarten zu holen. Ohne die Vorschläge gleich zurückzuweisen, macht Katharina Winter die Kinder durch geschickte Nachfragen auf mögliche Schwierigkeiten aufmerksam. So erkennen die Kinder schnell, dass die Mütter und Väter tagsüber kaum Zeit haben zu einem Museumsbesuch und dass das im Museum ausgestellte Skelett des Plateosaurus gar nicht in die Kindertagesstätte passt und auch nicht aus dem Museum entfernt werden darf.

Nach einigem Nachdenken einigt man sich darauf, selbst ein kleines Museum zu „bauen", d. h. die selbst gemalten Bilder von Dinosauriern sowie die gesammelten Fossilien auszustellen und aus den mitgebrachten Kunststoffsauriern, einigen Farnen in Form von Zimmerpflanzen und einem Vulkan aus Pappmaschee eine vorzeitliche Landschaft zu bauen. Dazu wollen die Kinder kleine Infotafeln mit Bildern versehen, sodass die Besucher der Dino-Ausstellung auch etwas lernen können.

Katharina Winter und die Projektkinder setzen ihre Planungen mit Begeisterung um. Dazu wird eine Ecke des Gruppenraumes in ein Dino-Museum umgewandelt und die anderen Gruppen werden zum Besuch eingeladen. Wenn sich eine größere Besuchergruppe anmeldet, stehen auch Museumsführerinnen und -führer zur Verfügung, die den anderen Kindern erzählen, was sie über Dinosaurier wissen und was man aus den versteinerten Zeugnissen aus längst vergangenen Zeiten ablesen kann.

Dabei achten die Erzieherin und ihr Kollege Sven Sommer darauf, dass alle Projektkinder eine Aufgabe übernehmen und alle ihr Projektergebnis vorstellen können. Die Kinder sind sichtlich stolz auf ihre Ausstellung und freuen sich, dass sich die Eltern anlässlich des Elternabends die Projektergebnisse ebenfalls anschauen.

Beispiel: Projekt „Einkaufszentrum"

Beim großen Frühjahrsprojekt „Einkaufszentrum ‚Villa Kunterbunt'" ist die Abschlussveranstaltung in der Gesamteinrichtung festgelegt. Es soll ein großes Kindergartenfest stattfinden, an dem die verschiedenen Läden geöffnet haben und ihre Produkte verkaufen. Vorher überlegt jede Gruppe, wie sie für das Fest werben kann. Einladungen an die Eltern und Familien werden geschrieben, Plakate entworfen und die Fachkräfte übernehmen es, auch im unmittelbaren Umfeld der Kindertagesstätte zu werben.

Jede Gruppe überlegt, was sie im Einzelnen anbieten will. Zusätzlich zum Verkauf soll es Aktionen geben. In der Eulengruppe, die einerseits selbst gebackene Kekse und Kuchen sowie „echten Kaffee für die Großen" verkaufen will, können andererseits zusätzlich mit den Besuchern Waffeln gebacken und Kekse verziert werden.

Für diesen Abschluss haben die einzelnen Gruppen also vorher viel vorbereitet und sich über die verschiedenen Aspekte ihres Einkaufsladens sowie das jeweils erstellte und zum Verkauf angebotene Produkt informiert. Das Fest dient nicht nur als Projektabschluss, sondern auch zur Öffentlichkeitsarbeit. So ist auch die Lokalredakteurin der örtlichen Zeitung eingeladen.

Aufgaben zu den Themen des Kapitels 2.4 finden Sie im Online-Material.
Im Zusatzmaterial 12 finden Sie die Phasen während der Durchführung eines Projektes und in Zusatzmaterial 13 Reflexionsfragen während der Projektdurchführung.

2.5 Projektdokumentation und Projektevaluation

> „Die Erfahrung sollte ein Leuchtturm sein, der uns den Weg weist, kein Liegeplatz, an dem man festmacht."

(Autor unbekannt)

Vor allem in der Reggio-Pädagogik (vgl. Knauf, 2003a), aber nicht nur hier, spielt die Dokumentation der Projekte der Kinder eine wesentliche Rolle. Es wäre auch schade, wenn Projektergebnisse nach der Abschlussveranstaltung verschwinden würden. Daher ist eine umfassende Dokumentation des gesamten Projektverlaufs – also nicht nur der Ergebnisse, sondern auch der Arbeiten der Kinder während des Projektes, ihrer Ideen und Lernaktivitäten, der Handlungsschritte aller Beteiligten, bezogen auf die Planung und Durchführung – wichtig, um zur pädagogischen Qualität der Einrichtung beizutragen (vgl. Fthenakis u. a., 2009b, S. 164).

Dokumentationen sollten anschaulich sein, damit Kinder sie im Nachhinein betrachten und verstehen können. Daher bieten sich Fotos und Filme an. Sie geben einen bunten und anschaulichen Eindruck der abgelaufenen Prozesse wieder. Vor allem Fotos können zusammen mit gezeichneten Beiträgen der Kinder sowie weiterer geeigneten Ausstellungsgegenständen auf Plakaten, Dokumentationswänden oder in Wandzeitungen Arbeits- und Handlungsprozesse im Rahmen des Projektes illustrieren. Dazu sollten auch Äußerungen und Beiträge der Kinder notiert werden. Als Alternative bieten sich große Mappen an, die die Projekte darstellen und mit Fotos, Bildern und Texten, die von den Kindern diktiert wurden, veranschaulichen.

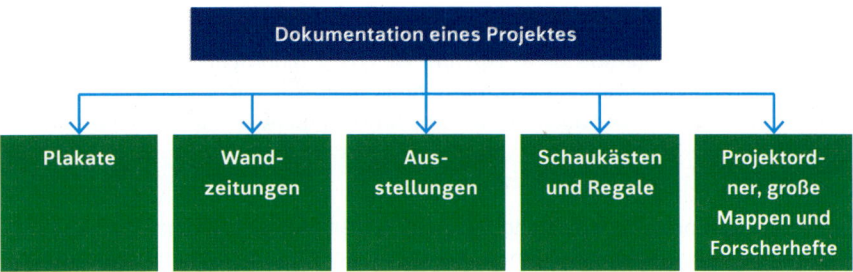

Eine qualitativ hochwertige Dokumentation trägt nach Katz (vgl. Fthenakis, 2000, S. 222 f.) auf unterschiedlichen Ebenen zur Qualität der Projektarbeit bei:

- Das Lernen der Kinder wird verbessert, denn die ausführliche Dokumentation eines Projektes trägt dazu bei, dass die Lernprozesse der beteiligten Mädchen und Jungen unterstützt werden. Loris Malaguzzi beschreibt, dass die Kinder „stets neugieriger, interessierter und zuversichtlicher werden, wenn sie ihre Arbeit betrachten und über das nachdenken, was sie geleistet haben" (Fthenakis, 2000, S. 222). Der Prozess der Dokumentation wird hierbei als Möglichkeit zur Reflexion genutzt. Die Kinder denken an und sprechen über wichtige Erfahrungen oder Erlebnisse, erinnern sich an bedeutende Vorkommnisse und werden außerdem neugierig auf ähnliche Themen, über die sie sich erkundigen und damit neue Projekte anstoßen.

- Die Ideen und Arbeiten der Kinder werden ernst genommen.

> Die „sorgfältige und attraktive Dokumentation vermittelt den Kindern, dass ihre Anstrengungen, Intentionen und Ideen ernst genommen und wertgeschätzt werden. Bei einer Dokumentation handelt es sich nicht um eine ‚nette Dekorationsform' des Gruppenraums. Stattdessen spiegeln sich in ihr der Verlauf, die Ideen, wichtige Vorkommnisse und Erkenntnisse der Kinder wider."

(Fthenakis, 2000, S. 222)

- Dokumentationen helfen, die gemeinsam mit den Kindern erfolgende Planung und Evaluation des Projektes im Blick zu behalten. Dadurch, dass die einzelnen Planungsphasen ebenso festgehalten werden wie der Verlauf und die Ergebnisse, lässt sich mit den Kindern zusammen nachträglich überlegen, wie die Idee zum Projekt zustande gekommen ist, welche Planungsschritte erwogen worden sind, was es alles vorzubereiten gab usw. Wird während des Projektes regelmäßig festgehalten, was geschieht, kann das als Grundlage einer ständigen Evaluation genutzt werden, bei der die Kinder und die pädagogischen Fachkräfte überlegen, welche Fortschritte des Projektes zu erkennen sind, was es vielleicht zu ändern gilt und welche Ideen hinzugenommen werden sollen. Damit kommt es zu einem gemeinsamen und kontinuierlichen Planungsprozess auf der Basis einer ebenfalls kontinuierlichen Evaluation des Arbeitsverlaufs.

- Dokumentationen ermöglichen es auch den Eltern mitzubekommen, womit sich ihre Kinder sich gerade befassen und welche Erfahrungen sie machen. Dies macht ihre Kinder stolz und verschafft ihnen Anerkennung. Gleichzeitig erhalten Väter und Mütter, aber auch Großeltern, Tanten und ältere Geschwister die Gelegenheit, einen eigenen Beitrag zu Projekten zu leisten und etwas anzubieten, was beim nächsten Mal genutzt werden kann.

- Dokumentationen schärfen und fokussieren nach Katz die Aufmerksamkeit der Fachkräfte gegenüber den Plänen und dem Verständnis der Kinder sowie gegenüber der eigenen Rolle

> „in der kindlichen Erfahrungswelt. Wenn Erzieher/-innen (...) die Arbeiten der Kinder betrachten und Dokumentationen darüber vorbereiten, wird sich auch das Verständnis für die Entwicklung der einzelnen Kinder und ihre Lernvorgänge entwickeln."

(Fthenakis, 2000, S. 223)

Auf der Basis der durch die Dokumentation zur Verfügung gestellten reichhaltigen Materialien kann der Lern- und Bildungsprozess jedes einzelnen Kindes in den Blick genommen und angemessen unterstützt werden. Eine durchgehende Dokumentation verhindert, dass nur das Endprodukt betrachtet und beurteilt wird. Sie ermöglicht bei jedem Kind einen Einblick in den individuellen Arbeitsprozess. Damit wird das Lernen der Kinder veranschaulicht.

Die Dokumentation eines Projektes ist nicht nur bezogen auf die Lern- und Bildungsprozesse der Kinder von großer Bedeutung, sondern sie kann auch ein wichtiges und anschauliches Element für die Öffentlichkeitsarbeit sein. Projekte eignen sich gut als Aushängeschild für eine Einrichtung. So können ausgewählte Projekte z. B. im Anhang der Konzeption beschrieben werden. Manchmal verfassen Kindertagesstätten auch Infobroschüren zur Projektarbeit (vgl. Stamer-Brandt, 2010, S. 93 ff.). Ein modernes und immer wichtigeres Medium der Öffentlichkeitsarbeit stellt inzwischen das Internet dar. Viele Einrichtungen haben eine eigene Homepage, auf der sie nicht nur die Kindertagesstätte mit ihren Gruppen, Zeiten und Räumen vorstellen, sondern auch die pädagogische Konzeption ihrer Arbeit. Hier passt es gut, über die eigenen Projekte zu berichten. Das eine oder andere Projekt eignet sich ebenfalls für einen Presseartikel, der mit anschaulichen Fotos versehen über eine Aktion berichtet und die Öffentlichkeit im Regionalteil über die pädagogische Arbeit informiert.

Neben der Dokumentation bzw. oftmals in Verbindung mit ihr sollte ein Projekt bzw. sein Verlauf insgesamt noch einmal reflektiert und evaluiert werden. Dies kann auf zwei Ebenen geschehen. Zum einen ist es wichtig, mit den beteiligten Kindern den Prozess und die Ergebnisse in den Blick zu nehmen. Das geschieht auch schon während des Projektes. Im Vordergrund steht dann, den Verlauf bewusst zu machen und mit den beteiligten Kindern immer wieder zu schauen, ob der eingeschlagene Weg noch der richtige ist bzw. welche Dinge verändert oder ergänzt werden müssen. Zum anderen dient die Abschlussreflexion eher als Brücke zu nachfolgenden Projekten.

Im Gesprächskreis kann abhängig vom Alter und den bisherigen Erfahrungen der Kinder mit Reflexionen darüber geredet werden, was erreicht wurde und wie das Projekt gelaufen ist. Dazu eignen sich beispielsweise folgende offenen Fragen, die günstigerweise mit einer Aufforderung zum Erzählen und Berichten verbunden werden:

- „Was haben wir alles gemacht während des Projektes?"
- „Was hat euch gut gefallen?"
- „Was sollen wir noch einmal machen?"
- „Welche Wünsche habt ihr für das nächste Mal?"
- „Was habt ihr Neues erfahren?"
- „Was konntet ihr lernen?"
- „Wofür ist das nützlich?"
- „Was wollt ihr den anderen Kindern und/oder euren Eltern erzählen?"

Durch diese Gespräche wird auch wieder die metakognitive Kompetenz der Kinder gestärkt, indem sie darüber nachdenken, was und wie sie etwas getan haben. Damit wird ihnen in Ansätzen bewusst, wie sie mit Problemen und Fragen umgegangen sind sowie Lösungsideen und Lösungswege entwickelt haben. Die Kinder können noch einmal reflektieren, dass sie bei der Frage nach den Tieren im Wald einen Experten, nämlich den Förster, gefragt haben oder wie sie im Gespräch mit der Erzieherin einen Weg gefunden haben, eine Brücke über einen Bachlauf zu bauen.

Neben dieser Reflexion mit den beteiligten Mädchen und Jungen ist ebenfalls die Evaluation im Team wichtig. Ein Projekt abgeschlossen zu haben, bedeutet ja, vor dem nächsten Projekt zu stehen, und da ist es sinnvoll, sich darüber auszutauschen, was gut gelaufen ist, was die Lern- und Bildungsprozesse der Kinder unterstützt hat und was besser gemacht werden könnte. Dazu können Leitfäden oder Checklisten genutzt werden. Mit einer Evaluation sollte nicht zu lange gewartet werden, damit die Eindrücke noch frisch sind und die Auswertung der Erfahrungen nicht zu sehr vom Alltagsgeschehen „überrollt" wird. Daher sollte dieser Punkt möglichst bald nach dem Projekt auf der Tagesordnung einer Dienstbesprechung stehen. Dann kann der Erfolg eines Projektes auch gefeiert werden.

Beispiel: Dino-Projekt

In der Eulengruppe fertigen die Kinder des Dino-Projektes mit ihren Gruppenerziehern Katharina Winter und Sven Sommer eine Mappe an, in der sie mithilfe eigener Zeichnungen, Fotos, Zeitungsausschnitte, Kollagen usw. die Planungsschritte sowie die Durchführung des Projektes dokumentieren. Immer wieder muss Katharina Winter aufschreiben, was die Kinder zu den einzelnen Bildern sagen. „Da muss Geschriebenes hin, damit alle lesen können, was Dinos fressen", sagt die fünfjährige Sophie.

Die Mappe hat ein übergroßes Format sowie zwei sehr feste und durch die Kinder schön geschmückte Deckel. Die Mädchen und Jungen der Eulengruppe schauen immer wieder gern hinein, um sich über das Projekt auszutauschen. Manchmal erzählen sie dann auch den Kindern, die nicht beteiligt waren, von ihren Erlebnissen und wecken so deren Neugier. Auch den Eltern und Familienangehörigen zeigen sie stolz, was sie erfahren und womit sie sich beschäftigt haben.

Nachdem das „Museum" in der Eulengruppe wieder abgebaut ist und sich die Kinder wieder anderen Themen zuwenden, setzen sich Katharina Winter und Sven Sommer zusammen und evaluieren den Verlauf des Projektes. Die einzelnen Schritte werden durchgesprochen und hierbei vor allem immer wieder darüber nachgedacht, ob den Kindern genügend Mitbestimmungsmöglichkeiten eröffnet wurden, ob sie ihre Fragen beantworten und ihre Interessen wiederfinden konnten, ob möglichst viele Bildungsbereiche ganzheitlich und anschaulich angesprochen wurden, ob die Interaktionen lernförderlich gestaltet werden konnten und immer wieder genügend Raum erhalten haben. Sie merken dabei, dass ihnen diese Art der pädagogischen Arbeit sehr zusagt, bei der die Kinder mit ihren eigenen Fragen und Themen im Mittelpunkt stehen. Immer wieder werden sie als erwachsene Fachkräfte von den spontanen Ideen und Vorschlägen der Kinder überrascht und erkennen ihre eigene „Festgelegtheit". Nach dem Gespräch, dessen Ergebnisse sie kurz in ihrem Gruppenheft notiert haben, freuen sie sich schon wieder auf das nächste Projekt.

Beispiel: Projekt „Einkaufszentrum"

Eine ausführliche Evaluation des großen Frühjahrsprojektes findet noch vor dem Sommer auf einer Dienstbesprechung statt. Hier wird auch noch einmal deutlich: „Es ist geschafft." Das Team ist stolz auf den Erfolg des Projektes und die gute Resonanz in der Öffentlichkeit. Die Dienstbesprechung endet mit der Frage der Leiterin: „Wer hat Lust, beim nächsten Mal im Projektteam mitzuarbeiten?"

 Aufgaben zu den Themen des Kapitels 2.5 finden Sie im Online-Material.
Im Zusatzmaterial 14 finden Sie Fragen zur Evaluation eines Projektes im Team.

Literaturverzeichnis

Ahrens, Petra/Klages, Monika: Projektarbeit in der Krippe – Möglichkeiten und Grenzen. Verfügbar unter: www.kita-fachtexte.de//uploads/media/FT_ahrens_klages_2011.pdf [06.09.2017].

Bagic-Moser, Barbara: Kinder sind Forscher, Künstler und Philosophen. Das Bild vom Kind in der Reggio-Pädagogik, in: Die Kindergartenzeitschrift, Heft 35, 2014, S. 36–39.

Bartosch, Ulrich/Knauer, Raingard: Demokratie. Kinder können mitbestimmen, in: kindergarten heute, Heft 8, 2016 (2016a), S. 10–15.

Bartosch, Ulrich/Knauer, Raingard: Erzieherinnen und Erzieher als Begleiter/-innen zur Demokratie, in: KiTa aktuell spezial, Ausgabe 4, 2016 (2016b), S. 158–160.

Brockschnieder, Franz-Josef: Reggio-Pädagogik, in: kindergarten heute: wissen kompakt: Pädagogische Handlungskonzepte von Fröbel bis heute, Freiburg, Herder-Verlag, 2016, S. 26–35.

Bundesministerium für Bildung und Forschung (BMBF) (Hrsg.): Auf den Anfang kommt es an: Perspektiven für eine Neuorientierung frühkindlicher Bildung, Bildungsforschung Band 16, Bonn/Berlin, 2007.

Daiber, Barbara/Weiland, Inga (Hrsg.): Impulse der Elementardidaktik. Eine gemeinsame Ausbildung für Kindergarten und Grundschule, Baltmannsweiler, Schneider Verlag Hohengehren, 2008.

Danner, Stefan: Partizipation von Kindern in Kindergärten, in: Aus Politik und Zeitgeschichte, 62. Jahrgang, Ausgabe 22–24, 2012, S. 40–45.

Dieterich, Jörg/Schaumlöffel, Anette: Bildungspläne für die Kita kennen, verstehen und umsetzen. Köln, Bildungsverlag EINS, 2013.

Drieschner, Elmar: Bindung und kognitive Entwicklung – ein Zusammenspiel. Ergebnisse der Bildungsforschung für eine frühpädagogische Beziehungsdidaktik, München, Deutsches Jugendinstitut e. V., 2011.

Ehmann, Christiane/Braukhane, Katja: Bildungsbegleitung, in: Völkel, Petra/Wihstutz, Anne (Hrsg.): Das berufliche Selbstverständnis pädagogischer Fachkräfte, Köln, Bildungsverlag Eins, 2014, S. 126–149.

Ellermann, Walter: Bildungsarbeit im Kindergarten erfolgreich planen. Sozialpädagogische Praxis, Band 5, dritte erweiterte Auflage, Berlin, Cornelsen-Verlag, 2013.

Fried, Lilian/Roux, Susanna: Pädagogik der frühen Kindheit. Handbuch und Nachschlagewerk, Weinheim/Basel, Beltz Verlag, 2006.

Fthenakis, Wassilios E./Textor, Martin R. (Hrsg.): Pädagogische Ansätze im Kindergarten, Weinheim/Basel, Beltz Verlag, 2000.

Fthenakis, Wassilios E./Wendell, Astrid/Eitel, Andreas/Daut, Marike/ Schmitt, Annette: Natur-Wissen schaffen – Band 2: Frühe mathematische Bildung, Troisdorf, Bildungsverlag EINS, 2009 (2009a).

Fthenakis, Wassilios E./Wendell, Astrid/Eitel, Andreas/Daut, Marike/Schmitt, Annette: Natur-Wissen schaffen – Band 3: Frühe naturwissenschaftliche Bildung, Troisdorf, Bildungsverlag EINS, 2009 (2009b).

Günther, Sybille: In Projekten spielend lernen: Grundlagen, Konzepte und Methoden für erfolgreiche Projektarbeit in Kindergarten und Grundschule, Reihe: Pädagogische Kompetenz, Band 4, Münster, Ökotopia Verlag, 2006.

Hasselhorn, Marcus: Lernen im Altersbereich zwischen 4 und 8 Jahren, in: Bildung 4- bis 8-jähriger Kinder, hrsg. v. Titus Guldimann u. Bernhard Hauser, Münster, Waxmann Verlag, 2005, S. 77–88.

Haug-Schnabel, Gabriele: Schlüsselsituationen in der Krippe konzeptionell verankern. nifbe-Themenheft Nr. 28, Osnabrück, 2016.

Institut für Bildung und Entwicklung (Hrsg.): Projektarbeit in Kitas: Schulfähigkeit, Spaß und Lebenskompetenz, München, Don Bosco Verlag, 2006.

Jaszus, Rainer/Büchin-Wilhelm, Irmgard/Mäder-Berg, Martina/Gutmann, Wolfgang: Sozialpädagogische Lernfelder für Erzieherinnen, zweite überarbeitete und erweiterte Auflage, Stuttgart, Holland + Josenhans Verlag, 2014.

Jaszus, Rainer/Küls, Holger (Hrsg.): Didaktik der Sozialpädagogik. Grundlagen für die Lehr-/ Lernprozessgestaltung im Unterricht, zweite Auflage, Stuttgart, Verlag Handwerk und Technik, 2017.

Jugendministerkonferenz/Kultusministerkonferenz (Hrsg.): Gemeinsamer Rahmen der Länder für die frühe Bildung in Kindertageseinrichtungen, Beschluss der Jugendministerkonferenz vom 13./14.05.2004, Beschluss der Kultusministerkonferenz vom 03./04.06.2004.

Kammermeyer, Gisela: Kognitive Förderung, in: Pädagogik der frühen Kindheit. Handbuch und Nachschlagewerk, hrsg. v. Lilian Fried u. Susanna Roux, Weinheim/Basel, Beltz Verlag, 2006, S. 178–184.

Kasten, Hartmut (Hrsg.): Entwicklungspsychologie. Lehrbuch für pädagogische Fachkräfte, Haan-Gruiten, Europa-Lehrmittel Verlag, 2014.

Kasüschke, Dagmar (Hrsg.): Didaktik in der Pädagogik der frühen Kindheit, Kronach, Carl Link Verlag, 2010.

Katz, Lilian G./Chard, Sylvia C.: Der Projekt-Ansatz, übers. v. Kirsten Valeth in: Pädagogische Ansätze im Kindergarten, hrsg. v. Wassilios E. Fthenakis u. Martin R. Textor, Weinheim/Basel, Beltz Verlag, 2000, S. 200–214.

Knauer, Reingard: Demokratie in Kindertageseinrichtungen – aber nicht nur für Kinder, in: E&W S-H Sonderheft soz-päd. Berufe, Ausgabe Dezember 2013, S. 6–8.

Knauf, Tassilio: Moderne Ansätze in der Pädagogik der frühen Kindheit, in: Pädagogik der frühen Kindheit. Handbuch und Nachschlagewerk, hrsg. v. Lilian Fried u. Susanna Roux, Weinheim/Basel, Beltz Verlag, 2006, S. 118–129.

Knauf, Tassilo: Dokumentation als zentrales Element in der Reggio-Pädagogik, 2003a, abgerufen unter: www.kindergartenpaedagogik.de/1059.html, [26.07.2017].

Knauf, Tassilo: Projekte in der Reggio-Pädagogik, 2003b, abgerufen unter: www.kindergartenpaedagogik.de/1067.html, [26.07.2017].

Kobelt Neuhaus, Daniela: Jedes Projekt hat einen Anfang und ein Ende. Projektarbeit folgt einer Struktur, in: TPS – Theorie und Praxis der Sozialpädagogik, Heft 2: Mit Kindern handelnd lernen – Projekte, 2009, S. 14–17.

Kobelt Neuhaus, Daniela: Situationsansatz, in: kindergarten heute: wissen kompakt: Pädagogische Handlungskonzepte von Fröbel bis heute. Freiburg, Herder-Verlag, 2016, S. 36–43.

König, Anke: Dialogisch-entwickelnde Interaktionsprozesse als Ausgangspunkt für die Bildungsarbeit im Kindergarten, in: Bildungsforschung, Ausgabe 1, 2007, abgerufen unter: www.pedocs.de/volltexte/2014/4622/pdf/bf_2007_Koenig_Interaktionsprozesse.pdf, [05.09.2017].

König, Anke: Impulse aus der internationalen Frühpädagogik. Überlegungen zum Aufbau einer Bildungsdidaktik für den Elementarbereich, in: Didaktik in der Pädagogik der frühen Kindheit, hrsg. v. Dagmar Kasüschke, Kronach, Carl Link Verlag, 2010a, S. 385–400.

König, Anke: Interaktion als didaktisches Prinzip. Bildungsprozesse bewusst begleiten und gestalten, Troisdorf, Bildungsverlag EINS, 2010b.

Korczak, Janusz: Das Recht des Kindes auf Achtung. Göttingen, Vandenhoek & Ruprecht, 2015.

Krenz, Armin: Von der Bedeutung der Interaktion zwischen Kind und Erwachsenen – Durch Beziehungserlebnisse zur Selbstbildung, in: klein & groß, Ausgabe 04/2013, S. 48–51.

Küls, Holger/Moh, Petra/Pohl-Menninga, Margreth: Lernfelder Sozialpädagogik, Band 2, Troisdorf Bildungsverlag EINS, 2006.

Lamp, Fabian/Küls, Holger: Elementardidaktik, in: Völkel, Petra/Wihstutz, Anne (Hrsg.): Die individuellen und soziale Bildungsprozesse im Elementarbereich. Köln, Bildungsverlag Eins, 2014, S. 126–149.

Leuchter, Miriam (Hrsg.): Didaktik für die ersten Bildungsjahre: Unterricht mit 4- bis 8-jährigen Kindern, Seelze, Kallmeyer Verlag, 2010.

Liegle, Ludwig: Wir brauchen eine Didaktik der indirekten Erziehung, in: Betrifft Kinder, Ausgabe 09, 2009, S. 6–13.

Liegle, Ludwig: Pädagogik der frühen Kindheit – Erziehung und Bildung, in: Braches-Chyrek, Rita; Röhner, Charlotte; Sünker, Heinz; Hopf, Michaela (Hrsg.): Handbuch Frühe Kindheit, Leverkusen, Verlag Barbara Budrich, 2014, S. 25–40.

Merkel, Johannes: Gebildete Kindheit. Wie die Selbstbildung von Kindern gefördert wird. Handbuch der Bildungsarbeit im Elementarbereich, 2005, abgerufen unter: http://www.handbuch-kindheit.uni-bremen.de/index.html [26.07.2017].

Ministerium für Soziales, Gesundheit, Familie und Gleichstellung des Landes Schleswig-Holstein (Hrsg.)/Knauer, Raingard/Hansen, Rüdiger: Erfolgreich starten – Leitlinien zum Bildungsauftrag in Kindertageseinrichtungen, 5. Auflage, Kiel, 2012, abgerufen unter: www.schleswig-holstein.de/DE/Fachinhalte/K/kindertageseinrichtungen/downloads/kindertageseinrichtungen_Bildungsauftrag_LeitlinienBildungsauftrag_BildungsauftragLeitlinien.pdf?__blob=publicationFile&v=1 [26.07.2017].

Neuß, Norbert (Hrsg.): Grundwissen Krippenpädagogik: Ein Lehr- und Arbeitsbuch. 3. überarbeitete und erweiterte Auflage, Berlin, Cornelsen-Verlag, 2014.

Neuß, Norbert/Westerholt, Friederike: Didaktische Formen und Momente in der elementarpädagogischen Praxis – Dimensionen didaktischen Handelns im Elementarbereich, in: Didaktik in der Pädagogik der frühen Kindheit, hrsg. v. Dagmar Kasüschke, Kronach, Carl Link Verlag, 2010, S. 199–224.

Niedersächsisches Kultusministerium (Hrsg.): Orientierungsplan für Bildung und Erziehung im Elementarbereich niedersächsischer Tageseinrichtungen für Kinder, Hannover, 2005.

Ott, Isabella: Wie Kinder im selbstbestimmten Spiel lernen – Auswertung einer Beobachtungssequenz, in: Impulse der Elementardidaktik. Eine gemeinsame Ausbildung für Kindergarten und Grundschule, hrsg. v. Barbara Daiber u. Inga Weiland, Baltmannsweiler, Schneider Verlag Hohengehren, S. 147–167.

Preissing, Christa/Heller, Elke: Der Situationsansatz – mit Kindern die Lebenswelt erkunden, in: Didaktik in der Pädagogik der frühen Kindheit, hrsg. v. Dagmar Kasüschke, Kronach, Carl Link Verlag, 2010, S. 90–113.

Reichert-Garschhammer, Eva & Ko-Kita-Netzwerk Bayern: Gelingende BayBEP-Umsetzung in Kitas – Schlüssel Projektarbeit, München, IFP, 2012, abgerufen unter: www.ifp.bayern.de/imperia/md/content/stmas/ifp/ko-kita/gelingendebaybep-umsetzung_projektarbeitinkitas_positionspapier_stand_05-07-2012.pdf [26.07.2017].

Reichert-Garschhammer, Eva: Projekte statt Programme. Ein Plädoyer von Wissenschaft und Praxis, in TPS – Theorie und Praxis der Sozialpädagogik, Ausgabe 7/2014, S. 32–35.

Saalbach, Henrik/Leuchter, Miriam/Stern, Elisabeth: Entwicklungspsychologische Grundlagen der Didaktik für die ersten Bildungsjahre, in: Didaktik für die ersten Bildungsjahre: Unterricht mit 4- bis 8-jährigen Kindern, hrsg. v. Miriam Leuchter, Seelze, Kallmeyer Verlag, 2010, S. 86–97.

Sächsisches Staatsministerium für Kultus (Hrsg.): Der Sächsische Bildungsplan – ein Leitfaden für pädagogische Fachkräfte in Krippen, Kindergärten und Horten sowie für Kindertagespflege, Berlin, verlag das netz, 2011.

Schäfer, Gerd E. (Hrsg.): Bildung beginnt mit der Geburt. Ein offener Bildungsplan für Kindertageseinrichtungen in Nordrhein-Westfalen, 2. erweit. Auflage, Weinheim/Basel, Beltz Verlag, 2005.

Schäfer, Gerd E.: Der Bildungsbegriff in der Pädagogik der frühen Kindheit, in: Pädagogik der frühen Kindheit. Handbuch und Nachschlagewerk, hrsg. v. Lilian Fried u. Susanna Roux, Weinheim/Basel, Beltz Verlag, 2006, S. 33–44.

Schäfer, Gerd E.: Grundlagen der Reggio-Pädagogik, in: Einführung in die Pädagogik der Frühen Kindheit – Anthropologische Grundlagen und Konzepte, Vorlesungsskript, Universität Köln, 2004, abgerufen unter: www.uni-koeln.de/ew-fak/paedagogik/fruehekindheit/texte/einfuehrung06.html, [05.07.2011].

Schäfer, Gerd E.: Was ist frühkindliche Bildung? Kindlicher Anfängergeist in einer Kultur des Lernens, Weinheim, Juventa Verlag, 2011.

Schubert-Suffrian, Franziska/Regner, Michael: Partizipation in Kita und Krippe, kindergarten heute: praxis kompakt, Freiburg, Herder-Verlag, 2015.

Schuster, Käthe-Maria: Rahmenpläne für die Bildungsarbeit, in: Pädagogik der frühen Kindheit. Handbuch und Nachschlagewerk, hrsg. v. Lilian Fried u. Susanna Roux, Weinheim/Basel, Beltz Verlag, 2006, S. 145–157.

Senatsverwaltung für Bildung, Jugend und Wissenschaft (Hrsg.): Berliner Bildungsprogramm für Kitas und Kindertagespflege, Berlin, verlag das netz, 2004.

Siegler, Robert u.a.: Entwicklungspsychologie im Kindes- und Jugendalter. 4. Auflage, Berlin, Heidelberg, Springer-Verlag, 2016.

Stamer-Brandt, Petra: Projektarbeit in KiTa und Kindergarten, 8. Auflage, Freiburg, Verlag Herder, 2010.

Stenger, Ursula: Zur Didaktik in der Reggiopädagogik, in: Didaktik in der Pädagogik der frühen Kindheit, hrsg. v. Dagmar Kasüschke, Kronach, Carl Link Verlag, 2010, S. 114–143.

Textor, Martin R.: Erziehungs- und Bildungspläne, 2016, abgerufen unter: www.kinder gartenpaedagogik.de/1951.html [26.07.2017].

Textor, Martin R.: Projektarbeit im Kindergarten, in: Kinderzeit – Zeitschrift für Pädagogik und Bildung, Heft 3, 1999a, S. 13–15, u. Heft 4, S. 16–17, abgerufen unter: www.kinder gartenpaedagogik.de/362.html [26.07.2017].

Textor, Martin R.: Projektarbeit im Kindergarten. Planung, Durchführung, Nachbereitung, Norderstedt, Books on Demand, 2009.

Textor, Martin R.: Projektarbeit in Kindertageseinrichtungen: theoretische und praktische Grundlagen, in: Handbuch Kindertageseinrichtungen. Organisation und Management für LeiterInnen, Fachkräfte, Träger und Initiatoren, hrsg. v. Hildegard Rieder-Aigner, Berlin/Bonn/Regensburg, Walhalla Fachverlag, 1999b, abgerufen unter: www.kindergartenpaedagogik. de/14.html [26.07.2017].

Tietze, Wolfgang (Hrsg.): Wie gut sind unsere Kindergärten? Eine Untersuchung zur pädagogischen Qualität in deutschen Kindergärten, Neuwied, Luchterhand Verlag, 1998.

TPS – Theorie und Praxis der Sozialpädagogik: Heft 2: Mit Kindern handelnd lernen – Projekte, Darmstadt, Friedrich Verlag, 2009.

Wertfein, Monika/Wirts, Claudia/Wildgruber, Andreas: Bedingungsfaktoren für gelingende Interaktionen zwischen Erzieherinnen und Kindern. München: Staatsinstitut für Frühpädagogik, 2015.

Zimmer, Renate: Projekte, in: kindergarten heute, Heft 3, 1998, S. 17–20.

Bildquellenverzeichnis

stock.adobe.com, Dublin: 11 (Daniel Fuhr), 45 (Robert Kneschke), 98 (dottedyeti)

Christian Schlüter, Essen/Bildungsverlag Eins, Köln: Umschlag, S. 16, 19, 40, 56, 83, 92, 97, 115

fotolia.com, New York: S. 6 (Bergmeister), 26 (matka_Wariatka), 32 (giz), 49 (Alexander Rochau), 68.1 (Martin Pohner), 68.2 (Pavel Losevsky), 77 (Phil), 82.1 (philipus), 82.2 (Dmitriy K.), 82.3 (PP_PHOTO), 118 (st-fotograf)

Picture-Alliance GmbH & Co. KG, Stuttgart: S. 13, 89, 108 (ZB), 112 (dpaweb)

Nadine Dilly, Bottrop/Bildungsverlag Eins, Köln: S. 65

epd-bild/Gustavo Alabiso: S. 72

MEV, Augsburg: S. 82.4 (Rudolf Kostolnik)

Stichwortverzeichnis

A

Abschlussveranstaltung 103
Alltagserfahrungen 22, 24
Anerkennung 114, 120
Angebot 35, 106
Arbeitsplanung mit Kindern 107
Ausbildung von Erzieherinnen und Erziehern 14
Aushandlungsprozess 42, 43, 50, 57, 98

B

Beobachtung 70
Besuch 35, 74
Bildung 15, 18, 44
Bildungsauftrag 15
Bildungseinrichtung 15
Bildungsgehalt 94
Bildungspläne 32, 58, 74
Bildungssystem 15

D

Demokratie 44, 46
Didaktik 91
didaktische Elemente 32
didaktische Formen 33, 35, 67
didaktischen Analyse 94
didaktische Planung 85, 90
didaktisches Angebot 50
Dienstbesprechung 76, 87, 122
Dokumentation 110, 118

E

Elementardidaktik 30, 35
Eltern 73, 110
Entscheidungsfindung 81
Entwicklungspsychologie 24, 29, 71
Erziehung 25
– direkte 27, 107
– indirekten 27, 107
Evaluation 120

E (Spalte 2)

Exkursion 35, 55, 89, 96, 100, 112
Experimente 38

F

Freispiel 35, 50, 106

G

ganzheitlich 79, 83
Gemeinwesen 32, 73, 111
Gesprächsregeln 81
Grundlage 83

H

Homepage 120

I

Infobroschüren 120
Instruktion 29
Interaktion 18, 39, 50
Interessenkonflikt 42, 78, 97
Involvement 39, 73, 113

K

Kinderkonferenzen 48, 72
Kindertagesstätte 15
Ko-Konstruktion 18, 25, 98
Kompetenzen 15, 36, 91
Kompetenzerwerb 16
Konstruktion 29
Konzept 76, 80
Konzeption 32, 78, 88, 104, 120
Kosten 101
Krippe 9
Krippengruppe 16

L

Lebenswelt 55
Lernen
– eigenaktives 44, 48, 53, 109
– eigentätiges 14, 36
– entdeckendes 24

– forschendes 24, 36, 96
– ganzheitliches 19, 24, 60
– kooperatives 9, 18, 48
– naturwissenschaftliches 20
– selbstgesteuertes 96, 109
– selbsttätiges 53
– soziales 9, 54, 62
– spielerisches 20, 24
Lerngemeinschaft 94
Lernkompetenzen 103
lerntheoretische Didaktik 31
Lernziele 91

M
Materialien 31, 49
mathematische Bildung 77, 92
Medien 31, 49, 95
Metakognition 37, 121
Methoden 31, 34, 49, 67, 87, 95
Mindmap 95
Motivation 21, 80, 97

N
Natur 75
Naturwissenschaft 59
naturwissenschaftliche Bildung 77, 92
Neugierde 21

O
offene Fragen 42, 73
Öffentlichkeitsarbeit 116, 118, 120

P
Partizipation 9, 36, 44, 48, 57, 58, 62, 63, 81
Persönlichkeitsentwicklung 24, 71
Präsentation 102, 113, 115
Problemlösungsprozess 41
Projektarbeit 60
Projektdokumentation 69, 118
Projektdurchführung 68
Projekte 5

Projektevaluation 69, 118
Projektinitiative 67
Projektmanagement 12
Projektmethode 6, 9, 50
– Geschichte 12
Projektphasen 61, 64
Projektplanung 67
Projektpräsentation 68
Projektskizze 86, 100
Projektstart 102
Projektteam 12, 78, 83, 90
Projektthema 69
Projektvorbereitung 67
Projektziele 91

R
Raum als dritter Erzieher 57
Reflexion 102
Reflexionsfragen 111
Reformpädagogen 13
Reggio-Pädagogik 55, 118

S
Schlüsselsituationen 54
Schule 13, 89
Selbstbestimmung 58, 62
Selbstbildung 15
Selbstregulation 21
sichere Bindung 40
Situationsanalyse 79
Situationsansatz 52
Sozialformen 9, 33, 49
Sozialkonstruktivismus 17, 25
Spiel 20

V
Verschulung 76

Z
Zwischenergebnisse 113